テキスタイル　表現と技法

田中秀穂／監修

武蔵野美術大学出版局

凡例

・掲載写真のうち、著者が撮影したものは撮影者名を記載しない。

・掲載作品のうち、著者による作品は制作者名を記載しない。

・制作のプロセスを示す作品写真のうち、制作者名を記載しない例がある。

・著者の作品紹介ページは、次のような順での作品情報掲載を基本とする。
「作品名」制作年　展示場所もしくは展覧会名　撮影者名　W×H×Dcm（サイズ）
素材　技法

・作品制作年と展示年が一致しない例がある。

テキスタイル　表現と技法　目次

1章　テキスタイル　発想と展開
- 1-1　発想・展開・表現　田中秀穂 ———— 6

2章　染
- 2-1　シルクスクリーン　中川裕孝 ———— 20
- 2-2　防染／ローケツ染　榎本寿紀 ———— 34

3章　織　基礎・実技・プレゼンテーション
- 3-1　織物理論　鈴木純子＋岡本直枝 ———— 50
- 3-2　織　鈴木純子＋岡本直枝 ———— 56
- 3-3　繊維と糸／糸作りと糸染　岡本直枝 ———— 61
- 3-4　組織演習　鈴木純子 ———— 65
- 3-5　テクスチャーとサーフェイス研究　鈴木純子 ———— 67
- 3-6　インテリアファブリックの研究 [プレゼンテーション1]　岡本直枝 ———— 71
- 3-7　格子のタペストリーを織る [プレゼンテーション2]　大澤由夏＋下村好子 ———— 81

4章　さまざまな技法
- 4-1　絣とほぐし絣　鈴木純子 ———— 98
- 4-2　綟り織／紗・絽・羅　下重泰江 ———— 102
- 4-3　オフルーム／ノッティング・綴れ織　高橋稔枝 ———— 113
- 4-4　フェルト　田中美沙子 ———— 127

5章　色彩研究と表現技法
- 5-1　色彩研究と表現技法　中島良弘＋鈴木純子 ———— 138
- 5-2　コンピュータによるテキスタイルデザイン　中島良弘 ———— 142

6章　テキスタイルデザイナーの仕事
- 6-1　テキスタイルデザイナーの仕事　須藤玲子 ———— 150
- 6-2　用語解説 ———— 157
- 6-3　テキスタイル素材選びに役立つショップ・リスト ———— 162

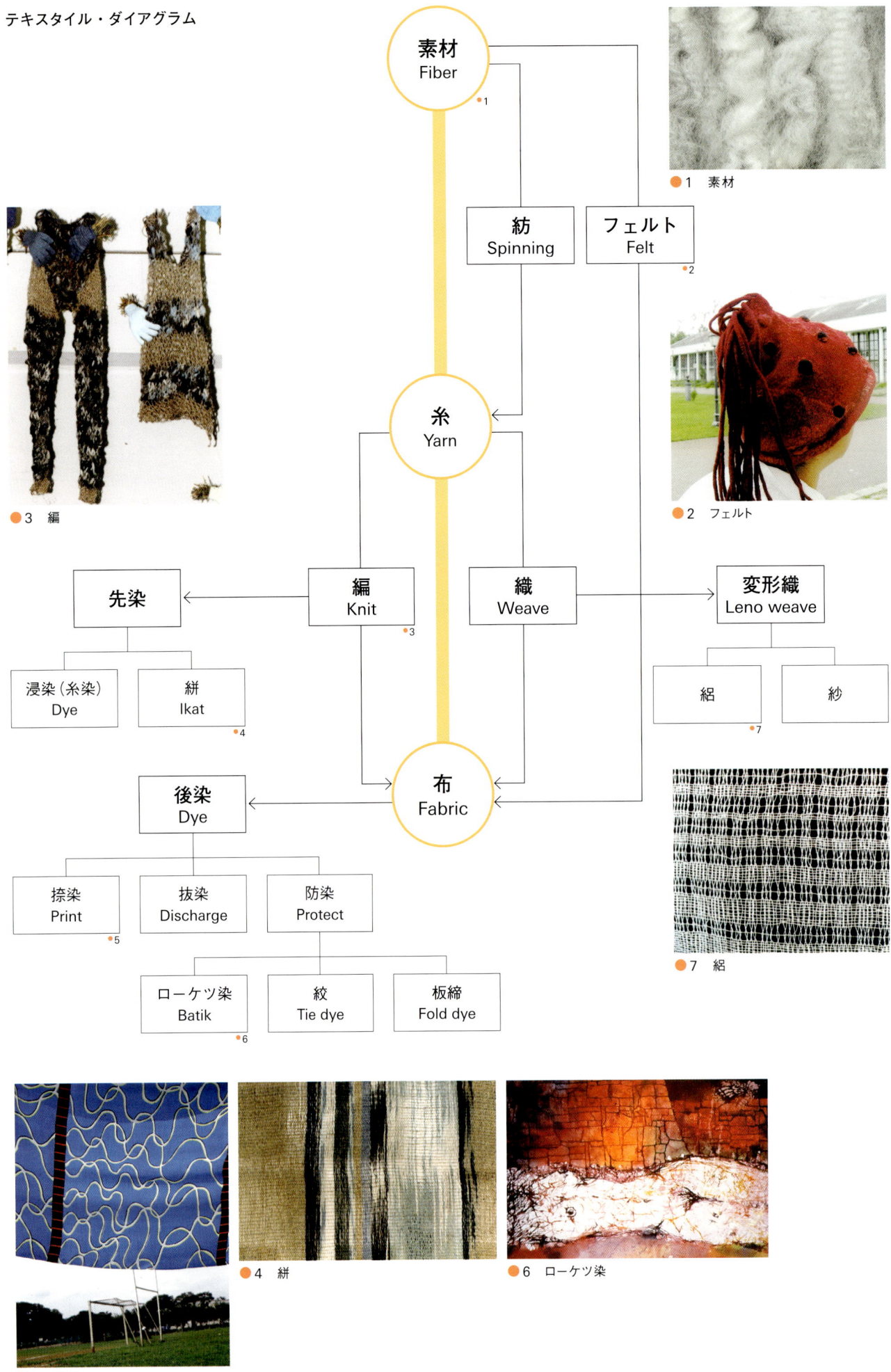

テキスタイル・ダイアグラム

●1 素材
●2 フェルト
●3 編
●4 絣
●5 捺染
●6 ローケツ染
●7 絽

1章

テキスタイル
発想と展開

1-1　発想・展開・表現

テキスタイル

アイデアの独創性について

テクスチャー

テキスタイルデザイン

インテリアファブリックデザイン

空間とテキスタイル

多彩な表現

造形の発見からアート表現

テキスタイルアート／ファイバーアート

1-1

発想・展開・表現

田中秀穂

●テキスタイル

人類とテキスタイルの関係は、身体とその保護および生活空間のあり方と様々な形でかかわってきたが、大きく分けて、衣服と住居として捉えたテキスタイルを考えることができる。また身体（clothing）と住居（shelter）の「包む・包まれる」感覚はテキスタイルの本質と考えられる。自然との融合は、風土を受け入れながら様々な知恵を使って、住居や衣服に日本独特な染織文化を開花させた。木綿の文化から羊毛文化への移行は、住居そのもののあり方が、木、紙、土からコンクリートへと変化した結果であり、衣服においても生活のあり方の変質に起因している。1枚のハンカチが示唆する、道具、伝達、環境の意味性を考えても興味深いものがあり、「幸せの黄色いハンカチ」論的な思考から、ものの意味やあり方が考えられるが、テキスタイルを育んできた日本人の情緒とも言うべき感覚を現代生活においてはより大切にしなければいけない。

欧米的な生活が合理性を生み快適性を提供してくれるが、「一枚の布」への敬意を払う感覚を忘れてはいけないのである。布は代弁者でもある。シンボルとメタファーとして人類とかかわってきた事実は生活のあらゆるところで確認できる。先に記したハンカチの存在、冠婚葬祭の幕、祭り時などに現れる繊維製品に多く見られるのである。

2002年に刊行された『工芸』の第5章では、テキスタイルの魅力を総論的に記述したが、ここでは、繊維が可能にする布の作り方を、デザインの発想と展開として解説していく。何に魅力を感じながらテキスタイルに移行するのか、このことは他の分野においても共通することであるが、最終目的であるテキスタイルの具体化への様々なアプローチをインテリア空間への提案を主としながら、素材、技術、色彩、発想を多角的に捉えて解説していく。

●アイデアの独創性について

アイデアをどこから抽出するのか。五感を働かせる日頃からの訓練が大切である。観察して描く、触覚を描く、あるいは、コラージュ、フロッタージュなど何でもいい。毎日行うことに意味があり発見がある。文字のない日記、造形としての日記なども意外性の発見に繋がる。目的の明確化、つまりテキスタイルの具体化のための研究は、形態、素材、色彩、技法へと発展しながら身体、空間そして機能へと展開するのである。簡単に言えば何でもモチーフになる。

たとえば、身の回りのなにげない現象や感動した事物のどの部分に興味を持ったのかを考える。色彩、形態はダイレクトに我々の視覚を刺激してくるが、動物的感覚、「触覚」

チューリッヒのカフェ。黄色が演出する幸せの空間

五箇山・圖畫恒遠宅。シンボルとメタファー。一枚の布が非日常性を語る

ル・コルビュジエ「放浪者の壁」1980年代、ニューヨーク。
ウォールペイントされたビルの外壁。巨大な絵画でありタペストリーとして認識する事ができる。ものと物体の関係は、内部、外部空間を変質させるが、テキスタイルアートを考える時、垂直面への考察が重要である。

がテキスタイルの基本でありこの原始的な感覚を忘れてはならない。

　人は生命の誕生から布に包まれ一生を過ごす。第2、第3の皮膚としてのテキスタイルは表面的であってはならないだろう。祈る布、賑わいの布、靄然（あいぜん）の布など、布との関係を探ると、命との多様な関係を知ることにもなる。五感は、領域を問わず研ぎ澄ませることが大切である。

　たとえば花を取り上げてみる。美しい花の色彩や形態もさることながら、花のイメージの言葉への変換、そして隠喩された、象徴としての内面のヴィジュアル化についても試みたい。

自然、人工物からモチーフを探す

時間が作り出した自然界の造形

木の外壁が作り出す色彩と形態のコントラスト

札幌芸術の森「触覚ワークショップ」2001

京都女子大学大学院表現文化（衣服）2001

触覚のヴィジュアル化ワークショップ
和紙に墨と各自の足でドローイングすることで、それぞれの触覚を意識する。また和紙（五箇山機械漉）は、こんにゃく糊による防水加工で、糸にも布にもなる面白い素材である。

飯田女子短期大学　2006　撮影：田中洋江

テキスタイル　発想と展開　7

身の回りのテクスチャー

植物、鉱物など身の回りにあるテクスチャーを採集する。自然界に存在するそれらからの提示を「テキスタイルで表現してみたい」という強い意識が研究へと導く。

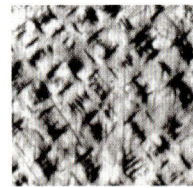
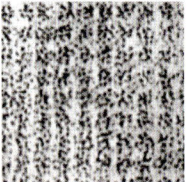
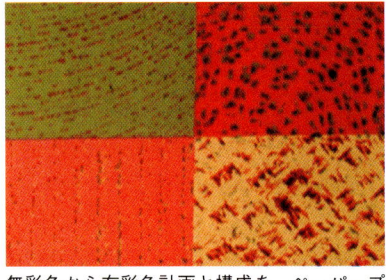

無彩色から有彩色計画と構成を、ペーパープランで検討する。
デザイン・制作：南方彩

● テクスチャー

テクスチャー（Texture）は、ラテン語の織る（Weave）に由来して、織物の風合い、手触りなど触覚感（材質感、肌理）を言う。一般には織物についての印象は粗い、雑といった感覚で受け止められるが、滑らかな朱子織物や絹の琥珀織物にも、繊細でありながら材質独特のテクスチャーがある。金属、木、石などで言えば表面の肌理であり、このことからすべての材料の触覚感を意味するようになった。サーフェイスデザインは、表層デザインと理解されているが、テキスタイルに限らずテクスチャーを含めたデザインとして展開される重要な領域となっている。

織物の表面はひとくちに言えば、凹凸のあるレリーフによって生まれる明暗の面白さである。布の織り方、糸の比重、素材、紡ぎ方によって様々に変化し、織目の粗密、光の有無、乾燥具合などでその表面は異なる。布の性格を決定する糸作りは紡ぎ方、太さ、断面の均一性などが重要なポイントである。

絹は本来、光沢があり滑らかなフィラメント（長繊維）だが、固く撚りをかけるとデコボコした光沢の鈍い糸になり、撚りをゆるくかけた糸で織られた布は強く撚られた糸で織った布よりも表面の表情は豊かになる。たとえば同じ素材の綿で織られていても、蜂巣織（ワッフル）、ベルベット、タオルなどは異なる表情を見せる。また織密度も大きく関係する。同じ平織で織られたキャンヴァス地とガーゼ地を比較すると理解できるだろう。

布の透明、不透明もテクスチャーを理解するうえで大切な要素となる。キャンヴァス地のように光を遮断する布もあれば、強い光をわずかに拡散させる透けた布もある。モヘアの繊維はそれ自体、透明感、不透明感を持つが、光によって繊維の表面はいっそう輝き、布のイメージを様々に変化させる。不透明な金属質の糸や透明な単一繊維の反射効果を利用することで、織の構造（組織）が強調されて文様として表れる。

レリーフ効果はハイライトによって物体の表面のテクスチャーを様々に変えるので、家具や、器具などのテクスチャーも布のそれと同様に大切である。織の構造の違いは、光の反射によって異なり、ベッドフォード地、コールテン地の起伏、ツイード、マトラッセ、シェブロン地などのギザギザ感も光の陰影によって強調される。また視覚によるレリーフ効果などは、霜降りのツイード地や細かいチェック柄の布にも見られる。テクスチャーは視覚の明暗によるハイライト効果がおもな要因となるが、素材の対比、技法からも様々に表れる。

テキスタイルによる精神的効用については、住宅環境の変化と密接な関係が考えられる。牧歌的環境でのインテリアは、今日とは逆に人工的な素材、色彩、パターンなどの刺激が生活を潤わせていたと言える。しかし現代ではそのほとんどが人工的で過度であり、刺激が苦痛となることもある。特に住空間は穏やかで自然を感じさせてくれる空間が望まれる。コンクリートジャングルは均一的なリズムとガラス、プラスチック、ペンキなどの平坦な視覚感と触覚感で構成されることが多く、このような環境において、テキスタイルは微力であっても、自然を思い起こさせてくれる。

また、隣家との距離が狭まると窓なども接近して、プライバシーの侵害が起こりやすく美的ではない。しかし、透ける一枚の布（ケースメント、レースなど）は、完全に視界を遮断せずに内と外を柔らかく隔離して精神的、肉体的安堵感をもたらす。Fabrics for Interiors（Jack Lenor Larsen 著『Van Norstrand Reinhold』）から引用、田中秀穂訳。

●テキスタイルデザイン

テキスタイルデザインは、広義に繊維製品のデザインを指し、大別すると織物デザイン（Weaving Design）・捺染デザイン（Printing Design）・編物デザイン（Knitting Design）に分類され、それぞれ表現や技術に異なった領域を持っている。生産性の高いテキスタイル製品を作る場合、その布（Fabric）、糸（Yarn）を含めての計画が大切である（参照 p.4「テキスタイル・ダイアグラム」）。

　目的に適した材料、色彩、文様（パターン）などの検討が製品の良否に関係する。現代では、デザインの大部分および制作までコンピュータで行われ、堅牢で鮮烈な染料により私たちの生活を華やかに豊かに演出してくれているが、制作にあたっての材料の理解は重要である。

テキスタイル製品の分類

○素材提供で、客観的要素の強いもの→カーテン、椅子張、服地など。
○一品制作的で、主観的要素の強いもの→タペストリー（壁掛け）、緞帳（どんちょう）、絨毯（じゅうたん）などがあげられる。わが国においてのテキスタイルデザインとは、従来染織図案を指していたが、生活様式の変化や技術革新に伴い繊維の特性、加工方法、流通の段階まで含めた商品計画、設計をする総合的なデザインとなっている。

シルクスクリーン捺染された大胆な構成と、フロッタージュによる地紋の対比が魅力的な多目的布。デザイン・制作：南方彩

●表現の多様化から目的に合致するデザインを検討する

コスモスの表現

4枚のペーパープランは写実的からパターン化への過程を表示している。精密に描く❶、色彩で描く❷、アウトラインを強調して描く❸、透明感で描く❹である。最初に制作技術決定してプランを立てる場合もあるが、表現されたデザインを効果的に制作する技法（染、織、編）を検討しよう。

アクションペインティングからデザインを抽出する

 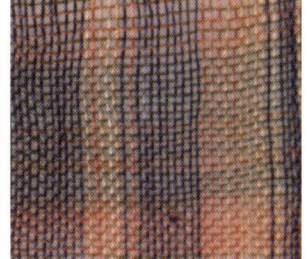

アクションペインティングの部分をトリミングすると、全体とは異なる空間性や色彩の対比が発見できる。
トリミングされた空間に使用されている主要色を取り出し、糸に置き換えて織る。並置混色は織物の特性を強くする。

テキスタイル 発想と展開　9

テキスタイルは光を透過する

テキスタイルの特性のひとつに光の透過性がある。素材、技法を検討してイメージが具体化され、布が作られる。粗く織られた布は、光の透過性と同時にカモフラージュの効果を持つ。

オパール加工による羽根のパターンは、布の粗密により強弱を演出する。デザイン・制作：ジャック・レナー・ラーセン

木綿と麻の平織布。この木綿と麻の平織布は、窓辺のカーテンと同時に室内空間を区切るパーティションとしても効果がある。

●インテリアファブリックデザイン

デザインは機能、目的を明確にして検討し、企画の段階でテキスタイルを具体化するための適切な表現技術を生かしたデザインでなければならない。

技法の決定にもとづき、ペーパープランや織サンプルを使って検討を重ねよう。シルクスクリーン、捺染デザインのパターンの抽出には、デフォルメして形態を考えていくことが多いが、時には、形態の「消失」「変質」「変容」に焦点をあて、形態の変化を楽しむことから意外なパターンを探すこともできる。

たとえば、モチーフに対して他の図形、色彩の付加、削除による行為の途中で目的に相応しいデザインの発見もある。プロダクトテキスタイルの場合は、リピート（繰り返し）を考え、また色彩計画も同時に行う。計画とはつまり配色の検討だが、決定したデザインを無彩色明度差で描いた後、有彩色の明度に変換して検討することも有効である。

●空間とテキスタイル

工業製品は私たちに便利で豊かな生活を提供してくれるが、手のぬくもりを持つクラフトテキスタイルは、現代生活において必要とされる。その理由として、機能の充足はもちろんだが、精神的安堵感と潤いを一枚の布、多くの繊維製品は与えてくれるからである。

タペストリーは、古代においては芸術として誕生したが、現代空間における壁の存在は重要である。「放

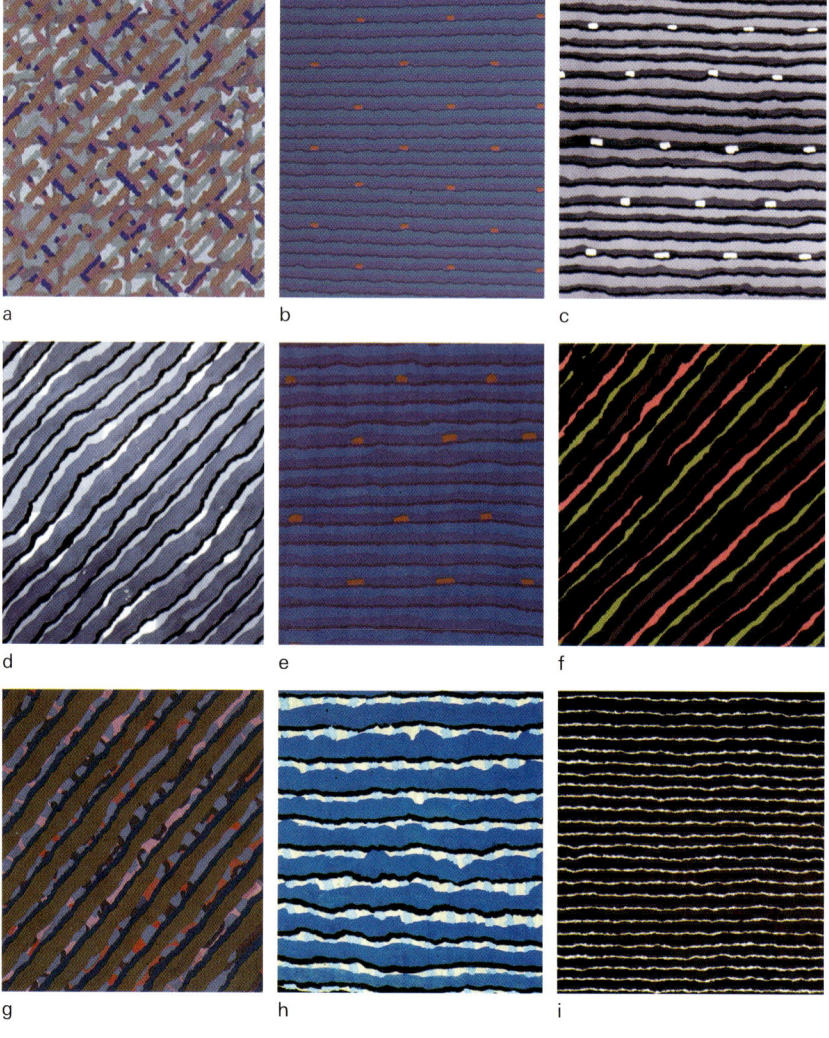

a：線の交差をテーマに自由に描く　b〜h：ドローイングの繰り返しから見つけた形態を無彩色で描き有彩色の明度に置き換えてみる。　i：単純な線と点で構成されプリントされた布

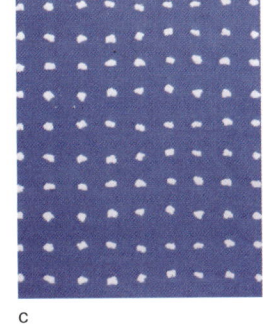

a〜c：点を取り上げ、二重織（表・白、裏・青）の椅子張地とクッション　デザイン：田中秀穂　制作：佐々木織物　撮影：後岡喜信
d：カーテン

浪者の壁」（参照 p.7）と定義されたコルビュジエのタペストリーは、現代空間においてその意味をますます増している。

遊牧民の住居のフェルトは生活すべてを繊維で包み込む構造である。わが国においても、「夏を旨とすべし」の家のあり方に見られるように、木、紙、土は肌に優しく自然との共生を第一に考えられていた。西欧での壁は、自然との対立と保護であったが、日本の壁は、自然との一体感を促し季節を肌で捉え育む構造である。しかし、現代空間においては、第2の皮膚として一枚の布を用意することでかろうじて高温多湿な風土での生活を快適に過ごすことができる。また屏風絵の効用と同じく、人々の繋がりを促すコミュニケーションを、視覚を通して行うこともできる。

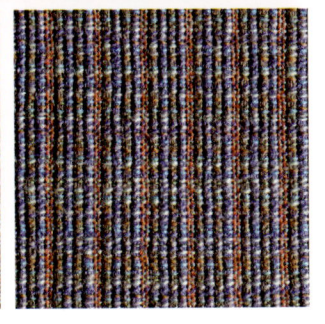

ストライプによる二重織物地

さつきをテーマにペーパープランと綴れ織のタペストリー（伊香保・さつき亭）1981　デザイン：田中秀穂　制作：佐々木織物

タペストリーデザインのプランと織物

視覚変化の壁面。ニット地にストライプをプリントしたソフトな壁面
1973　デザイン・制作：大庭敏明

綴れ織タペストリーとペーパープラン。ツイン客室のためのタペストリー（ホテルサンオキナワ）　1976　デザイン：田中秀穂　制作：佐々木織物

ハンドスパンウールで織られた壁布。冷たい壁の皮膜化と平行視覚変化を促す（ロチェスターのユニタリアンチャーチ　Unitarian Church USA）デザイン：ジャック・レナー・ラーセン

ウールで表現した綴れ織作品　1981　制作：小池裕香

「VANISHING／Lady Chatteray's Lover」1985　制作：田中秀穂
第13回国際タペストリービエンナーレ（スイス・ローザンヌ）、ギャラリーギャラリー（京都）　素材：サイザル麻、ステンレススティール　絡ませ技法

フェルトのタペストリー。詩情溢れる世界を表現する。1994　制作：橋本瑞穂　撮影：山本昌男

●多彩な表現

プロダクトテキスタイルの表現は多彩である。半谷学はインテリアエレメントとアートを融合させた作品で、サイザル麻を染色して縫い合わせた透明感がある。草野桂子は視覚障害児のための織物絵本、石塚奈穂の遊具はスタッキングを考えている。

a

a：綴れ織とアップリケで表現した視覚障害児のための絵巻絵本。1976　制作：草野桂子
素材：綿、麻、ウール

b：「RS／Patern to Patern」1964　デザイン：田中秀穂　制作：セルコン
同一デザインを、織物、プリント、レースで制作して使用時の統一感を試みる。室内でのトータルデザインの構成において、ファブリックの組み合わせは、色彩・素材とともにパターンの関係性にも注意が必要である。

c：蜂巣織（ワッフル）のタペストリー
2004　制作：三樹祐子　撮影：中野正貴
図形の染色と起伏が作る陰影の魅力。

d：カーテンとクッション　1982　制作：豊田麻里
クレパスで描く自由な曲線のパターンを木綿地にシルクスクリーン捺染で表現。

e：ユニット構造とスタッキングを考慮した遊具　1977　制作：石塚奈穂

f：風通織　1995　制作：大橋香
色彩混合と矩形の強弱デザインから生まれる二重組織布は、カーテンや椅子張地として使用が可能。

g：「ONNETO」1988　制作：半谷学
1989　第14回国際タペストリービエンナーレ（スイス・ローザンヌ）
サイザル麻と紙による半透明な作品は、インテリアエレメントとタペストリーの領域を往き来する皮膜にも似ている。

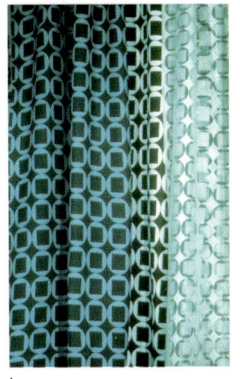

b　　　　　　　　　　　　　　　　c

d

e

f　　　　　　　　　　　　　　　　g

テキスタイル 発想と展開

●造形の発見からアート表現

素材、技法の意外な面を発見することから新しい表現が可能になる。「技法の放棄」を意識的に試みる。たとえば、織は経・緯の糸が交差して面を作るが、交差した箇所は線で囲まれた穴あるいは空間が生まれるということでもある。つまり、「穴を作る」を主眼点にして織の構造を考える。また布袋は、ものが詰められているか否かでそれ自体の形態は変化する。このことをヒントに擬人化を繊維素材で考えてみる。さらに、時間が作り出す変化を積極的に取り入れる。このような意識からは、既成概念を破った姿が生まれるだろう。技法から発想するなら、より単純な行為、結ぶ、絡める、破く、繋ぐ、覆うなどで試みるとよい。

●テキスタイルアート／ファイバーアート

テキスタイルアート（Textile Art）／ファイバーアート（Fiber Art）とは、繊維素材による多様な芸術的造形表現を指す。テキスタイルは、住居と衣服を第一の接点として生活全般にかかわり、特に染・織という技法は染織工芸の領域で高度な表現を可能にしてきた。機能を充足させながら「芸術を身に纏う」「芸術を空間に配置する」喜び驚きを演出してきたのである。

西欧でのタペストリー文化はテキスタイルアート、ファイバーアートへと変容していく。その原動力となったローザンヌ国際タペストリービエンナーレが果たした歴史的役割は大である。他の芸術領域の展開と同様、タペストリー芸術は、繊維素材、繊維表現の拡大と可能性を背景に変容する面白さによると考えられる。また西欧建築が提示する壁文化と深い繋がりがそれを可能したと考える。

アートとしての繊維と、繊維の自立を支えた背景には、美術運動としてのシュルレアリスムの影響がある。1938年のパリのシュルレアリスム展（Paris Galerie des Beaux-Arts）はこの芸術の核心に迫った作品、ソフトな素材による表現で埋め尽くされたと記されている。マルセル・デュシャンの作品は、天井から1200個の石炭袋が吊り下げられ、枯葉を分厚く敷いた床とコーナーに作られた池は、シダ、水仙などの植物で埋められていたと記されている。以後、クレス・オルデンバーグ

布で作った花と果物を植物の中に置く。だまし絵的な面白さがある。1977　制作：中野季三江

布袋の造形。それ自体ユーモラスな形状であるが、道具としての可能性を引き出してくれる。九十九里海岸　1977

のソフトタイプライター、コレットのリビングエンバイロンメントのような作品の台頭は、1961年ジャン・リュルサとジャン・ポーリーがスイスのローザンヌに設立した国際新旧タペストリーセンター（CITAM）の30年間の作品内容に大きな影響を与えた。

1962年に第1回ローザンヌ国際タペストリービエンナーレが開催され、「織機による織物」の技法限定は3回目以降無視されることになる。初期の作家をみると、アンリ・マチス、パブロ・ピカソ、ヴィクトール・ヴァザレリ、アンドレ・マッソンなどがあげられるが、それらはすべて画家の下絵を無名の織工が忠実に織り上げたゴブラン織の絵画であった。しかしその中の数名のポーランド作家の作品に特出すべきものがあった。マグダレーナ・アバカノヴィッチである。技法の限定からの解放により新しい芸術を模索し、アメリカで、ウォールハンギング（Wall Hanging）様式として定義づけられた。1977年ニューヨーク近代美術館での展覧会は、ミルドレッド・コンスタンティーヌ、ジャック・レナー・ラーセンにより企画開催され大きなテキスタイルアートのうねりを巻き起こした。2人の著書である『Beyond Craft Art Fabric』は、ファイバーアートのバイブル的存在として現在に至っている。

1983年は「空間」、1985年は「彫刻」、1987年は「壁」とテーマがあったものの、以降、ローザンヌ国際タペストリービエンナーレから、タペストリーの言葉は消え、1992年の15回目をもってテキスタイルアートビエンナーレとして終わりを告げた。サイズ規定があったため、ローザンヌでは大型の作品が中心であったが、ロンドンではミニアチュール・テキスタイル展が開かれ、多彩な繊維表現が活発化した。現在ハンガリー、ポーランド、スペイン、イタリアのコモ、ウクライナ、ポーランドのウッジ、北京などの国際展があり、日本では1976年に京都国立近代美術館で開かれた「今日の造形（織）：アメリカと日本」展で、大きな影響を以後与えることになる。おもな国内外での繊維造形に関する展覧会を付記する。

「貴婦人と一角獣」 15世紀末
中世末期ゴブラン織で、千花模様（青地に草花や小柄を小動物と共に配置する）の色彩豊かな連作タペストリー。

Colette「Living Environment」1976
1983　第11回国際タペストリービエンナーレ（スイス・ローザンヌ）

1976	「今日の造形（織）：アメリカと日本」（京都国立近代美術館）
1977	「ウォールハンギングニュークラシズム」（ニューヨーク近代美術館）
1978	弟3回国際ミニアチュール・テキスタイル（ロンドン）
1984	国際ミニチュア　テキスタイルビエンナーレ（ハンガリー・サバリア美術館）
1983	織から造形へ「Fiber Work」（大津西武ホール、軽井沢高輪美術館）
1986	現代美術「糸　布の断面」（東京・スパイラルホール）
1987	「布のかたち　糸のかたち」（東京都美術館）
1991	アバカノヴィッチ展（セゾン美術館）
1999	第6回国際テキスタイルコンペティション（京都文化博物館）
2000	第1回ファイバーアートビエンナーレ（北京）
2001	ミニアチュール　テキスタイル　コモ（イタリア）
2004	第11回国際テキスタイルトリエンナーレ（ポーランド・ウッジ中央染織博物館）
2005	清州国際工芸ビエンナーレ（韓国）

| 作品紹介 | 田中秀穂 |

「VANISHING from the distant view」1987　ワコールアートスペース
撮影：山本糾
W330 × H185 × D235cm　素材：サイザル麻、ステンレススティール

「Ice Field」1983　大津西武ホール、軽井沢高輪美術館　撮影：畠山崇
W250 × H30 × D250cm　素材：ラミー、綿ロープ

「ソフトスカルプチュア」1991　ギャラリー無有、麻布工芸美術館　撮影：山本糾
W30 × H40 × D25cm　素材：麻布、ステンレススティール

「VANISHING from the garden」1997　巷房　撮影：山本糾
W200 × H210 × D400cm　素材：サイザル麻、ステンレススティール、紙

Shi Hui ＋ WEi ZHU「Sho…Longevity」1986　第13回国際タペストリービエンナーレ（スイス・ローザンヌ）
W400 × H17 × D560cm　素材：ウール、シルク、サイザル麻

Kim-Hee-Sook による作品　1991　NW ハウスギャラリー

「VANISHING」1984　ハラアニュアル（原美術館）　撮影：山本糾
W300 × H70 × D70cm　素材：サイザル麻

「Scorched Earth」1984　浜松野外美術展（中田島砂丘）
W2500 × D2500cm　素材：綿布、綿ロープ

「VANISHING & EMERGING」2006　巷房　撮影：山本糾
W380 × H190cm　素材：木綿布、紙の上にインクジェットプリント

「触覚器　Tactil Vessel」1989　エリー美術館　撮影：Robert Lowry
W48 × H18 × D15cm　素材：ステンレススティール、サイザル麻、紙

「VANISHING」1984　ギャラリーマロニエ　撮影：畠山崇
W20 × H20 × D20cm　素材：サイザル麻

「VANISHING」 1984　真木画廊　撮影：山本糾
W300×直径30cm　素材：サイザル麻、ステンレススティール

Karen Stahlecker「Untitled Wall Installation」1985　第12回国際タペストリービエンナーレ（スイス・ローザンヌ）
W900×H120×D300cm　素材：和紙、竹

島田清徳「Untitled」1990　撮影：山本昌男
第15回国際アートテキスタイルビエンナーレ
W510×H60×D210cm　素材：綿布

2章

染

2-1　シルクスクリーン
2-2　防染／ローケツ染

2-1

シルクスクリーン

中川裕孝

●**遊びの中からの染色**

子どもの頃、つゆ草や朝顔の花で布を染めた記憶があるだろうか。夢中で土手を滑り落ち、ズボンを緑色にした思い出。白いTシャツについた桑の実の紫。少なからず、そのような体験が誰しもあるだろう。自然の中での色彩体験は驚きを伴った神秘的とも思える原体験である。そして、こうした花ずり、草ずり、土ずりによる染色が「染」の原点とも言える。私たちは遊びの中からたくさんの「染」を体験してきた。今、私たちは、高度化したテクノロジーや合理化に追われ、戸外に出て自然に触れる機会を著しく失ったように思える。染には追求し発見していく面白さがある。次々と好奇心をかき立て、のめり込ませる奥深さがある。夢中で遊ぶことが原点であり、立脚点である。この全身運動の中に五感に訴える表現のヒントが隠されているはずである。足を使って探しまわり、手を汚し、汗をかいて遊びまわる時間を取り戻したい。

●**捺染の面白さ**

版や型を使って色糊をすりつけて染める、版画の手法で色を重ねて置くなど、プリントと言われるものの全

木の実の赤

草の緑

土の茶色

綿布に直接、草を叩きつける

メナモミの葉と木槌

草の匂いのする作品　W300 × H300cm

般を捺染だと考えてよい。ハンコを押す（捺印）要領で捺染の面白さを体験することができる。

　まずは版探し、版に使うものを探す面白さから始めよう。身近にあるものを利用し、工夫する精神で使えそうなものを発見する。木、石などの自然物には予測不能な驚きがあり、偶然の効果がもたらす感動がある。自然のフォルムの柔軟性が確認できる。また、自然物でも人工物でも凸面にのった顔料が刷られるので、実際に刷ってみると、普段見ているものとは違ったイメージが写し出されることになる。言い換えると、それは凸面に触れた指先の感触（触覚）の視覚化とも言える。漫然と見ていた物質から触覚だけを取り出したような感覚である。

　色彩についての面白さも無限に広がっている。地色の効果を考えてあらかじめ生地を染めておくのもよい。版本来の固有色にとらわれずに自由な色づかいに挑戦したい。地色に対して明度や色相を近づけたり離したりした色で刷ると不思議な空間が生まれる。また、直感で刷って思いがけない局面に出会うことがある。この局面での、意図を超えた色彩体験は、表現の幅を広げる意味で貴重な体験である。意外性、偶然性を取り込むことで、面白さがさらに広がるだろう。

　捺染の面白さは何と言っても版のリピート（繰り返し）にある。円形に繰り返す。並列に規則的に並べてみる。ランダムに間を埋める、間を空ける。予期せぬ動勢感が生まれたり、不思議な空間感が出たり、楽しいリズムを感じられることもある。特に、版のオーバーラップ（重なり）によって生まれる重色の美しさは捺染ならではの魅力である。

木の葉

草の根

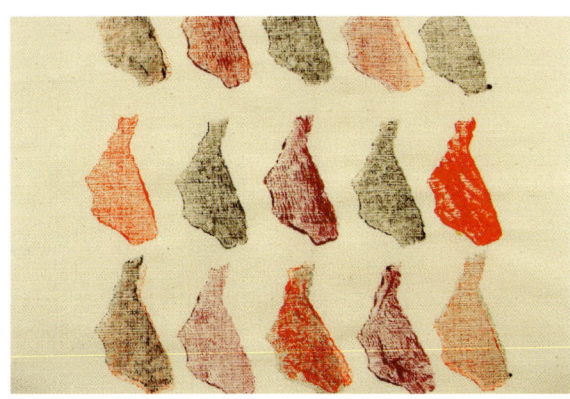

石

竹の断面

板材の木口

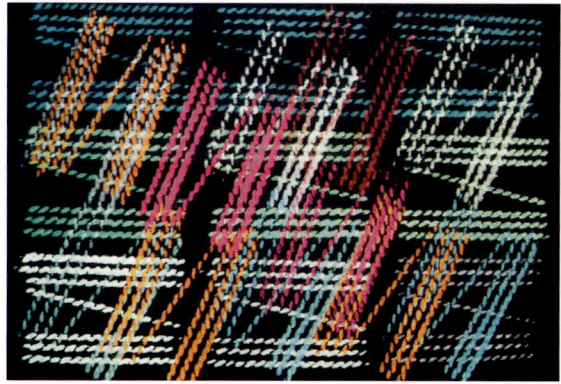

ロープ

● 捺染の種類

捺染とは染料をなすりつけて染めることで、部分的な染色でおもに文様染に使用する。様式で分類すると、直接捺染法、抜染法、防染法、型付浸染法などがある。

直接捺染法（Direct Printing）
木版画の要領で、版の凸面を利用して染める。ブロックプリント（Block Printing）、木版、銅版、スクリーン等。

手工捺染法（Hand Printing）
スクリーン、木版、銅版による捺染。スクリーンの製作方法は、ゼラチン、ラッカー、樹脂類、写真による製版を用いて精巧な表現ができる。

抜染法（Discharge Printing）
可抜性染料で生地を染め、抜染剤印捺してその部分の色素を抜く方法で、白色抜染と着色抜染（生地の抜色と同時に他の色を染める）がある。

防染法（Resist Printing）
糊料を印捺したあと染色して、そのあと糊分を削除して文様を表現する。日本の型染は糯粉（もちこ）と糠（ぬか）で防染剤を作り、型紙（和紙に柿渋を塗り補強した紙を彫って作る）を用いて糊置きをする。

マシーンプリント（Machine Printing）
ロール状の銅板に文様を彫刻し、輪転機の原理で捺染する。凸版、凹版がある。

ケミカルプリント（Opal Printing Finish）
2種類の繊維で織られた生地の一方の繊維を溶かす薬品を部分的に印捺し、透視性のある文様を表現する。

フロックプリント（Flock Printing）
樹脂で文様を印捺し、その部分に細かく切断した繊維（0.1〜2mm）を生地面に直角に植毛してベルベット風の表面を表現する。

日本の木版と印捺された布

インドの木版と印捺された布

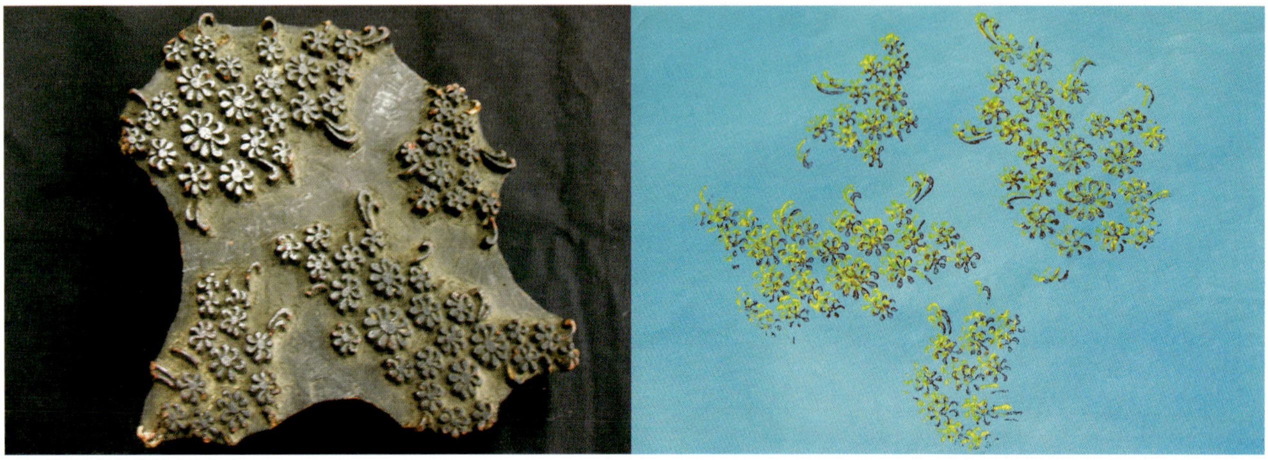

金属製版と印捺された布

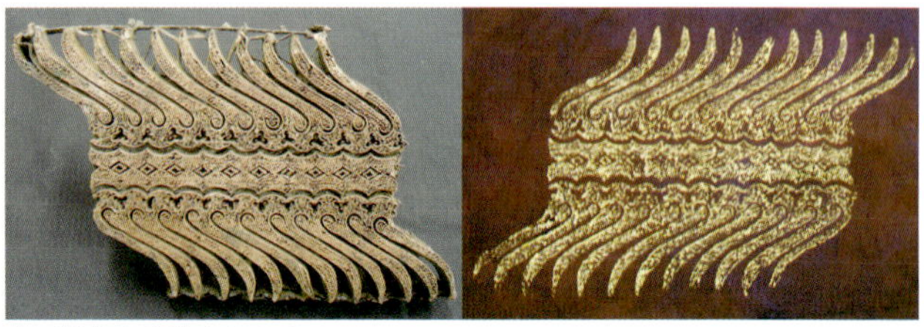

金属製版と印捺された布

ブロッチプリント（Blotch Printing）
還元染料（バット染料）を混ぜた捺染糊で印捺し、乾燥後、アルカリ性還元剤を含む捺染糊をしごいてからフラッシュエージングで蒸気処理をしたあと、水洗中和、酸化、水洗、ソーピングを行う。鮮やかな濃色を堅牢に染色する時に用いる。

経糸捺染（ほぐし Warp Printing）
経糸に色、文様を捺染して製織する。絣のような風合いが表現できる。

●色彩研究／風景から色を取り出す
捺染に使用する色彩をいかに選ぶか、どのような配色にするか。画像から色を抽出し、様々に彩度を変化させることを通して生活環境における色彩について研究する。配色を考える場合、個々の好みや直感によるイメージ、言い換えれば自己の内側から発想を求めることが多いが、ここでは、あえて自身の外側にある風景からスタートする。個人的な好みや抽象的な色彩理論から発案するのではなく、現実の風景から取り出した色彩を使って考え、制作し、再び社会に還元するというサイクルを考える。このサイクルは、風土や環境に根差した色彩、特別な室内空間に相応しい色彩計画（color scheme）を考えるうえで非常に有意義である。一例として次にストライプ柄の色彩計画を示す。（色彩についての詳細は参照 pp.138〜139）

色を取り出す元画像

ロールスクリーンとして住空間に配したイメージ

ケント紙にポスターカラー

❶もと画像から取り出した3色によるストライプ

❷無彩色（❶を無彩色に変換する）

❸チント（❶の3色に白を30％ずつ加えた配色）

❹シェード（❶の3色に黒を30％ずつ加えた配色）

❺補色（❶の3色に補色を40％ずつ入れた配色）

❻トーナル（❶に❷のグレーを40％ずつ入れた配色）

●パターン研究

捺染のパターンを何から抽出するか。作り手の感性によるドローイングをもとにしたり、自然物をスケッチしたものを抽象化することもある。また、写真やコンピュータを使用してアイデアを引き出す方法もあるだろう。いずれにしろ重要なことは、できるだけ多くのヴァリエーションを持ち、その中から選び出すということである。普段から様々なことに関心を持って引出しを多くしておくことが必要である。

●触覚とパターン

植物などに手で触れた感覚をドローイングする。目を閉じて触れたり、手を筆がわりにして描いてみたり、触覚を研ぎ澄ませることから始めよう。さらに筆や刷毛などを使って触覚の視覚化、パターン化を試みる。視覚だけではなく、触覚を発想の出発点とし、積極的にものに触れることを日頃から心がけたい。

●塑性変形から生まれるパターン

画用紙の下に溝引き定規の溝や、厚紙を切り抜いた型紙を敷いてガラス棒で擦り出すことで凹凸を浮き立たせる。「交差」「反射」などといった言葉から感じられるイメージを塑性変形によって触覚的に置き換えよう。この塑性変形によって得られるイメージをパターンとして生かそう。他のドローイングでは得られないようなシャープな形が面白く、パターンへの移行もスムーズである。

● 塑性変形と言葉のイメージ

交差

配置

分岐

分節

類似

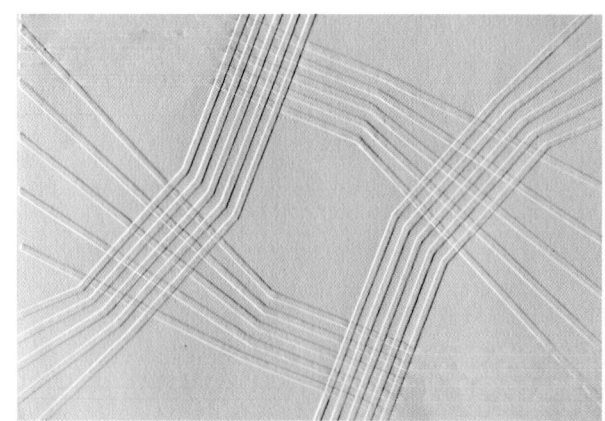

反射

●花のスケッチからパターンを抽出

様々な種類の生花をよく観察しスケッチする。植物の持っている連続的なリズム、フォルム、形態のコントラストなどに着目し、抽象化や単純化を試みてパターン化しよう。幾何学的な面白さを見い出す場合でも、花の生命感が失われないようにしたい。同時に捺染に使うカラーサンプルを決めておく。版にして重ねた時の色の効果などについて考えながらフォルムを修正し、パターンを決定する。

数種類の花をスケッチする

もと絵にしたスケッチ

ヴァリエーションを出し、選び出したデザインに修正を繰り返す。

決定したパターン

染 25

●リピート／パターン送り

パターンを繰り返し刷ることで新たな柄が生まれる。このリピートを「送り」と呼ぶ。規則的に連続させる基本的な「送り」として、四方送り（ピース送り、丸送り）、ハーフステップ（ステップ送り）、京口（1/3送り）をあげることができる。

パターンをリピートさせることで見えてくる柄の流れやリズムがある。「送り」の工夫でパターンの新たな魅力を引き出そう。ランダムな柄であっても範囲を決め、正送りでリピートさせるのが一般的である。リピートの応用としてオーバーラップを試みよう。捺染前にトンボをつけた原寸プランを用意し、青ばなを使って布に写し取っておく。

四方連続

ハーフステップ

京口（1/3送り）

オーバーラップ

正送りの基本単位

正送り

●色見本を作る

シルクスクリーンのオーバーラップにより、捺染の色見本を作成する。布と濃度を変えた染料の掛け合わせが作り出す色彩世界を体験し、色見本資料として活用する。綿布にシリアス染料（基本色／5色相）を使って刷るが、多くの場合、パーセンテージから想像する色彩と実際の印象には大きなズレがある。また同じ色の掛け合わせでも、どちらを先に刷るかで全く違った重色となるので、色見本はカラープランを立てる際のよい参考になる。一般的に明るい色をあとで染めるようにすることと併わせて考えるとよいだろう。色糊作りをはじめ、下色の乾き具合の確認や、スキージの扱いを確認するなど基本となる作業のトレーニングとしての意味もある。

色見本
シリアス染料／基本色：5色相
0.3% × 0.7%
0.3% を先に捺染すること。

1　イエロー RKS
2　レッド 4B
3　バイオレット BB
4　ブルー R
5　スプラグリーン BBN

0.7% ＼ 0.3%		1	2	3	4	5
1						
2						
3						
4						
5						

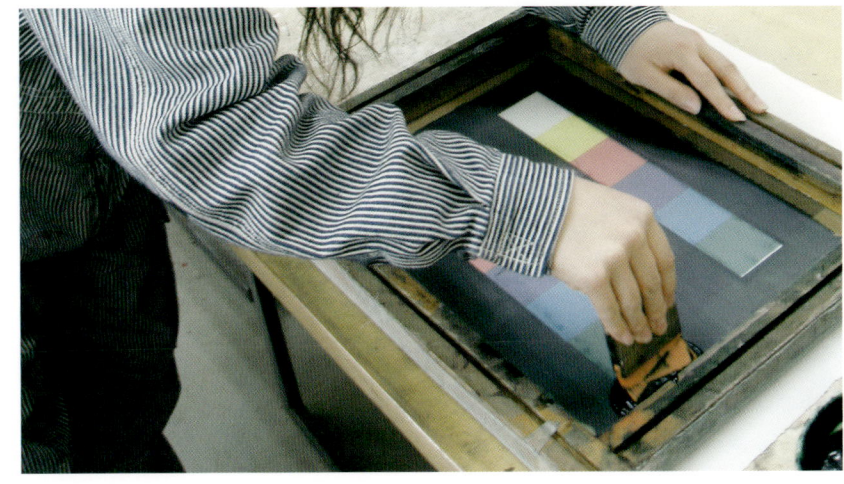

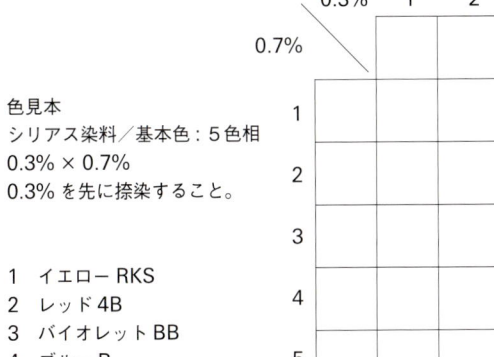

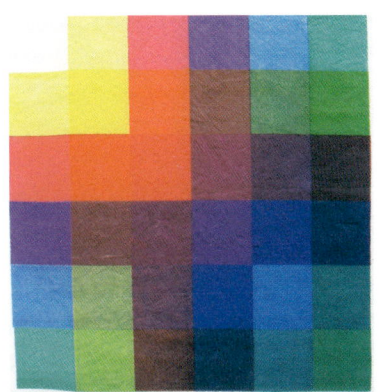

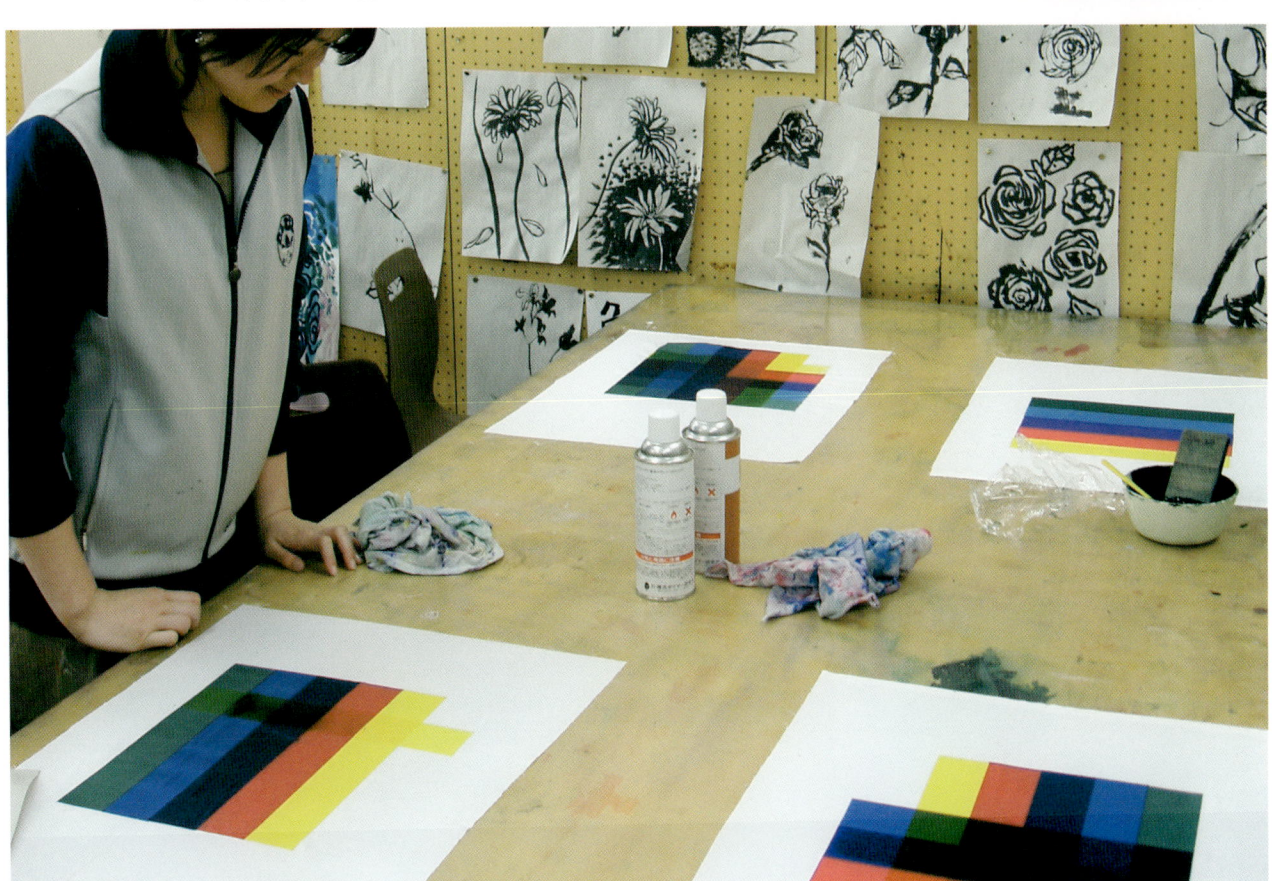

● シルクスクリーン捺染のプロセス

花のスケッチから抽出したパターンを3色3版で刷る作業を中心に、版作りから色糊作り、捺染、仕上げまでのプロセスを1から10に示した。シリアス染料を使用し、綿布に直接捺染する場合の1例である。

1　版下作成

パターンの原画からポジフィルムを作る。版下作成には次のAからCの中から適した方法を選択する。多色刷りの場合や送りを考える時はトンボをつける必要がある。3色で染めるのであれば3版すべての四隅にトンボを入れる。❸

A．ケント紙に描いた下書きを下に敷いてアンバーフィルムのマットな面を上にしてカットする。❶

B．オペークインクやオペークマーカーでマットフィルムにトレースする。❷

C．コピー機で、厚手のトレーシングペーパーにコピーする。またはプリンターで出力。写真原稿に適している。

2　紗張り

木枠にテトロン紗を張る。あらかじめヤスリがけした木枠に接着剤（KBK）を塗り❹、生地を引っ張りながら溶剤（アセトン）で溶かし、ウエスでこすって接着させる。生地の引っ張りには簡易絹張器❺やヒッパラーを使用するのが一般的だが❻、大きなものは力を均等にかけられる大型スクリーンテーンショナーを使用する❼。スクリーンには絹より安価で扱いやすいテトロンを使用するが、テトロンは熱を加える作業には不向きなので注意する。

❶アンバーフィルムをカットする。

❷オペークインクでトレースする。

❸3版のそれぞれの四方にトンボ（＋印）を入れておく（左下に丸印を入れる。トンボは感光後にラッカーでふさぐ。）

❹木枠に接着剤（KBK）を塗る。

❺簡易絹張器に紗を挟み込む。

❻ヒッパラーを使用して紗を張る。

❼大型スクリーンテーンショナーを使用した紗張り。ヒッパラー、簡易紗張器と同様に張った状態でアセトンを塗り、あらかじめ塗っておいたKBKが溶け出してきたところをウエスで押さえて止める。

3 乳剤塗り

感光剤と乳剤を混ぜ合わせて作った感光乳剤をバケットを使ってスクリーンの裏面に薄く均一に塗り❽、風通しのよい暗い場所で乾燥させる。乳剤は塗る前日までに作っておく。

4 感光

焼付機のガラスの上に、版下、スクリーン（乳剤を塗った面を下にする）の順に重ね1～3分間露光する❾。露光時間をタイマーでセット。時間は感光台の条件により異なる。

5 修正

スクリーンに水をかけて洗い流す❿。特に抜けにくいところに強く水をかける。版を乾かし、周囲にマスキングテープを張って補強し、上からラッカーを塗る。ピンホールなど抜けてしまった箇所にもラッカーで修正を加える⓫。

6 色糊作り

捺染作業に入る前にカラーサンプルと色見本を参考に色糊を作る⓬⓭。試し刷りをしながら理想の色みに近づけていく。濃度は、淡色0.3～0.5%、普通色1%、濃色2～3%、濃紺・黒5～6%を基準とする。色糊の混色は、染料を量る時に混ぜるか、色糊同士の混色のいずれかの方法がある。薄める時は、下の表の「2.染料」と「3.グリエシンA」を除いたものを作って混ぜる。

❽感光乳剤をスクリーンの裏面に薄く均一に塗る。

❾感光（感光台を立て露光するタイプ）

❿水をかけて抜けにくいところの乳剤を流す。

⓫マスキングテープとラッカーで補強する。

⓬CMC糊（CMC粉末1kg＋水19ℓ）を作る。1日置く。

⓭色糊を作る。左下の表に準じて1～5を計量し、水を加えてよく撹拌する。

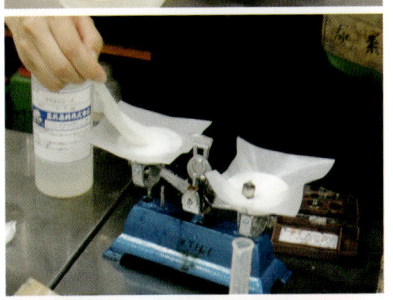

	100gあたり	0.5%の例
1. CMC糊	50g	50g
2. 染料	Xg	0.5g
3. グリエシンA	Xg	0.5g
4. 尿素	5g	5g
5. ネオコール	0.5cc	0.5cc
水	Ycc	43.5cc
全体量	100g	100g

水（Y）＝全体量－（1～5の合計）

7 捺染

捺染の手順を以下に示す。

7-1 原寸プランをもとに、布に青花でトンボをつける⓮。

7-2 青花のトンボに版のトンボを合わせて色を置く⓯。捺染は低明度の色から行うのが一般的だが、決して一通りではない。事前に刷りの順番を変えたサンプルをつくり、完成のイメージによって刷る順番を計画する必要がある。オーバーラップの発色効果を引き出す場合は明色、薄色から刷っていく。下の作例のように特に強調したい色みのある場合は明度に関係なく、強調したい色から刷ってみるのも良いだろう。

7-3 版の片側に色糊を置き、一定の角度とスピードを保ちスキージを引く。次にスキージを立て、濾すように少し力を入れて引く⓰。何度も動かさないように、2回で刷るようにする。版は目詰まりを起こすので、こまめに洗う。

7-4 乾き具合を確認しながら刷り進め、版の裏が汚れないよう注意する⓱。長時間放置すると捺染台から布が引けてズレが生じやすいので注意する。

7-5 染上がりは生地の種類、テクスチャーによって全く違ったイメージになる。右の生地はオックスフォード、次ページはブッチャーネップに刷った例である⓲。また、白布ではなく、先に色を染めた状態にしておけば、ヴァリエーションはさらに広がる。顔料と違い、染料の場合は透明度を生かした展開が考えられる。先入観を捨てて様々な素材で試してみる経験も必要である。

⓮青花でトンボをつける。

⓯青花のトンボに版のトンボを合わせて刷る。

⓰インクをのせ、スキージを引く。

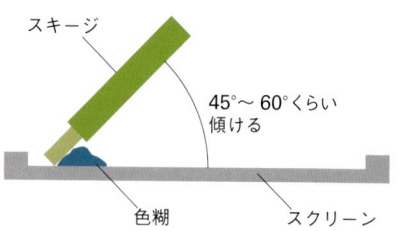

⓱最後に明るい色を刷る。

8 蒸し

染上がったものを蒸し器にかける。筒蒸し器の場合は50分、ボイラーの場合は30分を目安とする❶。

9 ソーピング

布についている余分な色糊を落とす。5cc/ℓの洗浄剤（タナクリン）で水洗いする❷。その後、水だけで洗う。

10 仕上げ

5cc/ℓの定着液（モーリンフィックス3PN）で約15分間定着し、脱水後乾燥させアイロンをかける❸。

●鑑賞とディスカッション

私たちは現実の環境に存在する身近な花をスケッチすることからスタートし、色やパターンを抽出して捺染作品を完成させてきた。それらをもう一度、現実の生活環境に配して、それらの作品がいかに機能するのか考えよう。テキスタイルがどのように生活を楽しく彩り、活気づけることか。鑑賞の時間を充分にとってディスカッションすることが大切である。

❶生地をブッチャーネップに変えて刷る。

❶蒸し器に入れる。

❸アイロンをかける。

❷ソーピング

染上がったものを現実の空間に配してディスカッションする。

オーバーラッピング捺染による作品

シルクスクリーン捺染による作品　1983　制作：東山光成

シルクスクリーン捺染による作品「銀河鉄道の夜の記号化」1973　制作：上田さつき

| 作品紹介 | 中川裕孝 |

「円盤のはなし」1988
第14回国際タペストリービエンナーレ（スイス・ローザンヌ）
W1000 × H270 × D500cm　素材：綿布　染色、脱色、ミシン縫い

シルクスクリーンによる小品　2006
W16 × H11 × D3cm　素材：綿布　シルクスクリーン、ミシン縫い

「Mirror」2006
W40 × H50 × D3cm　素材：デニム　脱色、ミシン縫い

「Panties1-20　Brassieres1-20」2006　gallery gen（ニューヨーク）
W30 × H20 × D30cm × 40個　素材：綿ジャージー　ミシン縫い

2-2

防染／ローケツ染

榎本寿紀

●染色について

布に文様・形を表す方法を大別すると、直接捺染、抜染、防染の3つに分けることができる。

直接捺染

布に直接文様・形を表す方法で、木などの型に直接顔料や染料をつけて捺印する方法（凸版）、ステンシル、シルクスクリーン（孔版）がこれにあたる。

抜染

地色を染めておき（可抜性染料を使用）、あとから還元剤や塩素を使い、表したい文様・形を抜いていく方法。

防染

あらかじめ染料が染まらない部分を作っておき、他の部分を染めて文様・形を表す方法。染料には白がないため、日本では昔から防染が行われていた。東大寺正倉院の宝物に遺る裂に見られる夾纈（きょうけち）は、布地を二つ折りや四つ折りにしてから同じ文様を彫った二枚の版木に挟んで染めるもので、版木の凸の部分が防染される。纐纈（こうけち）は、布を括ったり縫い締めすることによ

様々なローケツ表現

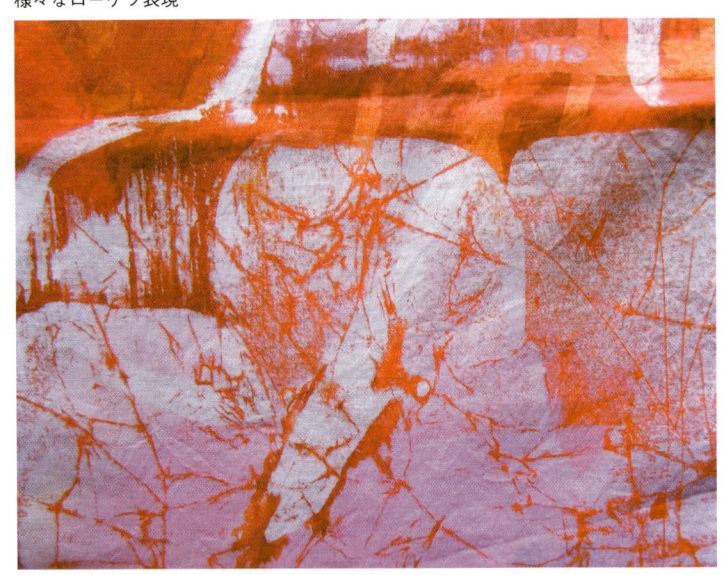

り防染して染める。﨟纈（ろうけち）は、溶かしたロウを版木で押すか筆で描きながら置いて染め、ロウの部分が染料をはじいて防染となる。纈（けち）とは防いで染めることの意であり、この３つが天平の三纈として日本の染色の歴史を支えてきた。

●ローケツ染の表現
溶かしたロウを版木で押したり、筆で布に描くと、ロウのついた部分が染まらず他の部分が染まるという防染方法がローケツ染である。この方法・原理は天平時代の﨟纈と変わらない。

ローケツ染で使用するロウはパラフィンロウ、マイクロワックスロウ、木ロウ、蜜ロウなどがあるが、単独または混合して使うことにより、様々な表情を作り出すことができる。また白く防染するだけでなく、防染（ロウ置き）と染色を繰り返すことによって画面に奥行きを与え、ロウを溶かす温度を変えることによる半防染や、亀裂、エッチングなどの表現も可能となる。水と脂の関係を利用するので、原理的には画用紙に白いクレヨンで線や形を描いたあとに水彩絵具を塗ると、クレヨンの中のロウ成分が水分をはじき、描いた線や形が白く表れることと同じだが、ローケツ染の場合は、生地の種類（糸の太さや織り組織）によりロウの浸透具合が変わる。

ローケツ染は、布と染料を使い、防染ならではの絵画的表現の幅を、「ロウの種類」「溶かす温度」「ロウの置き方（描き方）」により広げることができるのである。

様々なローケツ表現

●ローケツ染の表現技法

白地表現

筆でロウを置いたところを防染する。線による表現では筆で描くスピードにより、柔らかい線、細い線、太い線、かすれた表情などが可能である。面による表現では、描くというより置いていく感じが強いが、その際は裏までロウが浸透しているか（防染できているか）確認する。また通常の防染では２度塗りすることにより染料がロウの上から浸透してしまうのを防ぐ。白地表現はローケツ染の基本である。

1　下描き（青ばなを使用）を描いたあと、伸子に張る。
2　ロウを置いて防染する。ロウを溶かす温度は110°F〜150°Fだが、これは布地の種類や厚さ、そして防染したい表情により異なる。使用するロウは、ソーピングワックスを使用。通常は「P」と「M」を１：１の割合で混合して使用する。ロウを置く際は、描くようにロウを扱うことが大切である。
3　染料で染色する。ソーピングワックスを使用した場合、脱ロウ（布からロウを除去）は70℃以上のお湯で行うので、染料は反応染料を使用する。染料は染めた時は濡れているので濃く見えるが、乾くと薄く見えるので、染料の濃度に注意する。乾いたら、ソーダ灰を塗布した後、30分放置して固着させる。
4　70℃以上のお湯で脱ロウし、ソーピング、定着を行う。

地染

染料は色を重ねると、下の色と混色される。染料を薄い色、または明るい色から染色しながらロウ置きを繰り返すと、多色表現だけでなく、透明感や奥行きのある表現となる。

1　染料の浸透を遅くして染ムラを防止するため地入れを行う。布の水分含有量は一定であり、余分な水分は垂れてしまう。つけすぎないように注意する。これは染色時の染料にも言える。
2　染色する。
3　染料が乾いてからソーダ灰を塗布して固着する。
4　布が乾いてから下描き、ロウ置き、染色と工程を繰り返し多色の表現を広げる。

制作風景 　　　白地表現

白地にかぶせとチャンチン 　　ロウを置く 　　チラシ

5　脱ロウ。ソーピング。定着。

　均一に染める、ぼかす、グラデーション以外にも、ムラ、にじみ、かすれを表現の要素として取り入れる場合は地入れをせずに行う。また、あらかじめ反応染料にソーダ灰を混入して使用する。ソーダ灰入りの染料は短時間しか使えないので注意が必要となる。

　ロウ置き、染色、ソーダ灰固着を繰り返す場合、1度脱ロウを行うと、色が重なった時の組み合わせが増え、より複雑な色・文様となる。

型チラシ
型紙を使い、ロウを点状に飛ばし防染する。ロウの粗密（チラシ具合）や染色と防染の繰り返しで表現の幅を広げることができる。

1　厚紙をカットして、型を作る。その際、細い線や尖った形の表現では飛ばすロウが入りづらいので面表現のほうが効果的である。

2　ロウの温度を150°Fに上げ（空中をロウが飛ぶため温度が下がりやすい）、筆にロウをつけ、支え棒にロウ筆を叩きながら、なるべく均一に飛ばして散らす。その際、紙の箱を作り、その上で垂直にロウ筆をふるい余分なロウは落してから行うと細かいチラシとなる。

　「細かく」「均一に」が基本だが、「叩く強さ」「叩く高さ（基本は20cmくらい）」「叩く筆の位置（先端〜根元）」を調節することで、細かいチラシからダイレクトな表現など表情に幅が出る。

ロウの粗密でグラデーションにすることや直接ロウ筆から垂らす表現も可能だが、思わぬ所についてしまうと部分脱ロウできないので注意する。また、布地の種類や厚さによりロウの浸透具合も変わるので、チラシの表情も変わる。いろいろ試して自分の表現したい表情を見つけることが重要となる。

3　染色、乾燥後、ソーダ灰固着。ロウのチラシた面積が多い場合は、地入れをせずに染色したほうが濃く染まる。チラシた面積が多ければ染ムラにならない。

4　脱ロウ。ソーピング。定着。

多色染

チラシ

エッチング

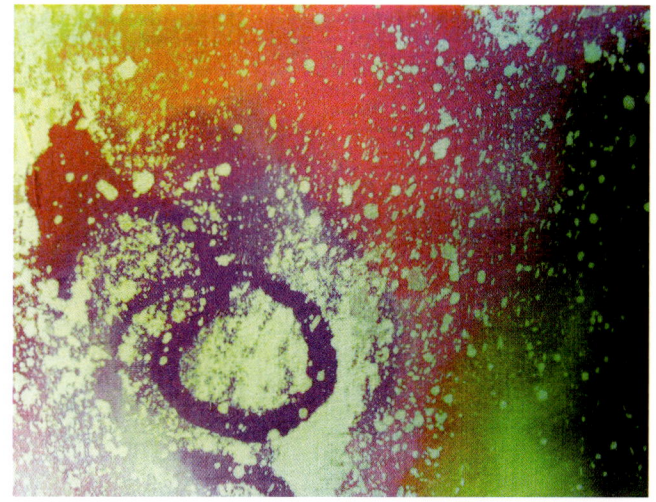

かぶせにヒビ割れ

●その他の表現

隣り合わせの補色にする場合

ロウ置き、染色したものを1度、脱ロウしてから再び逆を防染し直してから染色する。

ヒビ割れ（クラック）

ロウを2度置きする。伸子から布をはずし、布をゆがめてヒビを入れる。その後、再び伸子に張ってヒビの中に染料（ソーダ灰入り）を刷り込む。ロウの種類により、ヒビの入り方は変わってくる。広範囲にヒビを入れる場合は、手で拳を作り布の下を持ち上げ、上からもう片方の手で布を包むようにする。ヒビを入れる条件を同じにすると、似たようなヒビの連続文様を作ることができる。ロウを3回以上厚塗りすると、ヒビを入れた時にロウがはがれてしまい、ヒビの表情にならない時がある。必要以上にロウを厚塗りしないように注意が必要である。ただしロウを塗ったあとに揉み落とすという表現もある。

エッチング

ヒビ割れと同じようにロウを2回置く。伸子からはずし、尖った針などでロウを引っ掻き落とし、再び伸子に張って線の中に染料（ソーダ灰入り）を刷り込むと線描の表現になる。

かぶせ

高温のロウを薄く塗り、ロウを布の下までにじませ半防染にする。上から染料を浸透させる。

チャンチン

専用の器具を使い、細い線で防染する。

脱色

染色～ロウ防染したあと漂白剤を薄めて使用する。ロウ置きした部分は漂白剤成分がはじかれるので最初に染めた色がそのまま残り、回りは脱色され抜染の効果が出る。ヒビ割れやエッチングの時にも地染をしておき、染料の代わりに漂白剤を使うと白い線表現となる。漂白剤は繊維を傷め、脱ロウ・ソーピングの時に布が切れたり穴が開いてしまうことがあるので注意が必要である。

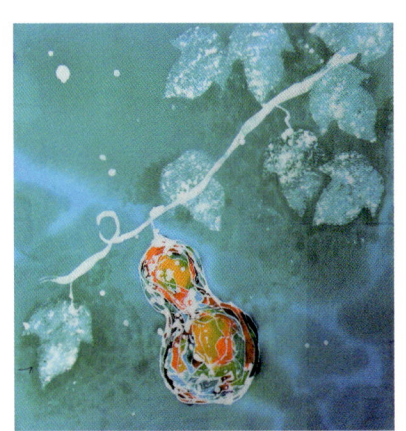

チラシとチャンチン

筆とチラシ

ヒビ割れとエッチング

蜷川千春　2006

木村恵美理　2006

● フリードローイングからのデザイン抽出

ドローイングには様々な方法がある。「モノ」をよく観察することは描く・表現することの基本のひとつだが、観察したものを描く時も、筆で描く・指で描く・竹ペンで描くなど、描く道具を変えることで、違った表現となる。また眼をつむった時の触覚、耳を澄ませた聴覚など、五感を働かせて得た感覚を描くことや、全力疾走して走った時のそのまま息を切らしている状態の肉体と感覚でアクションペインティングをする、裸足になって足の軌跡で描く、毎日クロッキー帖に線を描き続ける（日記）、など自身の感覚を解放しながらドローイングしていくことは、さらなる表現に繋がる重要な方法である。ここでは、あるシステムに従ってドローイングを行い、表現として発展させていく。

● ドローイング／消失と変容

○用具：画用紙 B2 とカラーインク、クレヨン、漂白剤、筆、ナイロン刷毛（漂白剤専用）

1　名前を書く。名前は通常、所有物に書くことが多く、「裏に」「端に」書こうと思う人も多いが、ここでは画面の真ん中に、大きく名前を書く。字体は自由（ひらがな、カタカナ、漢字、ローマ字など）、色数自由。

書いた後、「このサイズに自分の名前を書いたことはあるか」「なぜこの字体を使ったのか」「普段、名前を書く時もこの字体を使うのか」「なぜこの色を使ったのか」等、名前について意識の再確認を行う。

2　名前から消失と変容を行う。実際に書いた名前を「消す」「読めなくする」という行為を試みる（制作時間は約 30 分）。

「書いた名前を消す」「読めなくする」には、名前の上に「色を重ねる」「線を重ねる」「水でにじませる」「燃やす」「切る」「裏返す」など、様々な方法が考えられる。発想を展開させると「食べてしまう」「忘れる」「ここからいなくなる」なども、「書いた名前を消す」「読めなくする」ことに繋がる方法のひとつである。イ

講評風景　2006

❶名前を書く

❷名前の消失と変容を試みる

❸消失と変容から生まれた画像

トリミング

トリミングから抽出した画面

メージトレーニングのひとつとして、様々な方法を考える。ここでは物理的変化（切ったり燃やしたり）や主体的変化（忘れる、いなくなるなど）は行わず、「画面はそのまま」「色と形を使って消す」ことを行う。まず1分間考えて、どんな方法で行うか決めてから始める。途中でその方法は変更してもかまわない。制作のあと、「どんな方法で消したか」「どんなことを想ったか」をあらためて振り返る。

3　文章化による確認。「消失と変容」というテーマでレポートを書く。約1200字。「書かれた文字（名前）」を読めなくする・消すことは、文字・意味が消失すると同時に、変化、変容するとも言える。では身近なところに「消失と変容」は存在しているのか。今まで、いつ、どこで「消失と変容」にかかわったことがあるのか。「消失と変容」についてを文字化することで身の回りのことや表現について考える。

●トリミングで自分の画面を作る

L字の紙枠2枚を使い、ドローイングをさらにトリミングして自分の画面を作る。縦横の比率は自由。トリミングの紙は1mm動かすことにより、自分だけの画面を無限に作ることが可能である。かすれ、しみ、にじみ、点などの形や色など、偶然の表情が、画面の中では必然の構成要素となる。トリミングするサイズは1×1cm以上で、1枚のドローイングより最低10点以上の画面を作る。

●コラージュ

トリミングしたドローイングは穴だらけとなるが、この紙もコラージュ作品として展開させる。自由にカットしてコラージュする、1cm角にカットしてモザイクにするなど様々な方法があるが、場合によっては細長くカットして編み込む、何かを覆うなど立体作品やインスタレーションとして展開させることも可能である。ドローイングの画面はさらなる「消失と変容」を繰り返す。

トリミングで残された画像の再構築

再構成（コラージュ）

●**消失と変容をテーマに作品制作**

トリミングした画面のうち1点をもとに、ローケツ染という技法で表現する。制作するにあたってドローイング→トリミングした画面をローケツ染に置き換えるのではなく、「表現とは何か」を考えることが重要である。色、形、構図、構成、そして印象などをもとにして、自由に表現していくが、「トリミングにより偶然の形と色が意味を持った形と色になった」ことに注目して表現に発展させる。

制作風景・染

ドローイング 　深澤芳　2006

制作風景・トリミング

制作風景・染

ドローイング　保坂万里子　2006

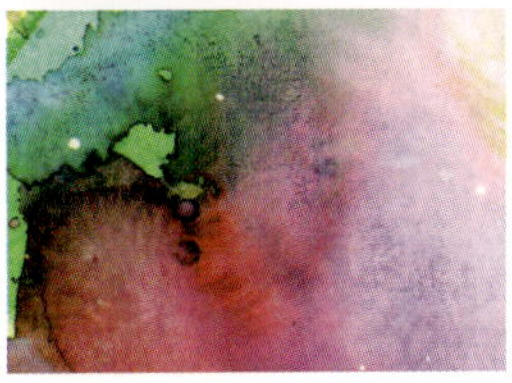

鎌田蓉子　2004

加村翔　2006

染　41

● フロッタージュ／触覚を視覚に置き換える

身近なところからテクスチャーを集めることにより、視覚と触覚の関係を探る。紙を丸めて皺を作り、コピー機にかけると、紙の皺／凹凸がそのまま印刷される。また葉に直接顔料をつけて紙または布をのせてこすると、そのまま葉が凸版となり転写できる。これらは「触覚を視覚に置き換える」方法のひとつだが、他の方法としてフロッタージュがある。これは凹凸のテクスチャーのあるものの上に紙を置き、上からクレヨン・パステル・木炭・コンテ・鉛筆などの描画材でこすり、一種の拓本をとって質感を写し出しながら視覚的効果を生み出す方法である。様々なテクスチャーを持つ素材をフロッタージュで集めることにより、視覚と触覚の関係に注目して日常生活を見回してみよう。至る所に表現の種があることに気づくだろう。意識して場所とかかわりを持つことや、いつもとは違った視点で生活することは認識の拡大となり自らの表現領域に重要である。

さらに表現のひとつの手段として発展させていくため、フロッタージュの触覚感をシルクスクリーンと絞染を使って表現してみよう。

1　2m程の和紙と木炭、コンテをもって歩き回り、様々なテクスチャーをフロッタージュで集める。
2　フロッタージュで集めたものをコラージュし、新たな画面を作る。
3　コラージュをO.H.P.フィルムにコピーして、シルクスクリーンの版を作る。
4　捺染を繰り返し、新たなテクスチャーの布を作る。
5　その上に、引き染と絞染を繰り返し、作品を制作する。構成は「消失と変容」をテーマに制作したドローイングとトリミングにもとづくこと。

制作風景

制作風景・染

小澤友見　2001

川瀬康子　2005

●オープン・スクリーン

シルクスクリーンは、版を色材（染料・顔料）が通過して文様・形を表す技法であり、版画では孔版にあたる。同じ孔版であるステンシルでは型抜きの形に制約があるが、シルクスクリーンでは版の全面に膜が張られるため、デザインの制約から自由となる。テキスタイルの領域では、シルクスクリーンもステンシルも同じ作品を複数作る、または同じ文様を連続させるための技法として使われることが多い。

色材が「版を通過する」という技法をとり、しかも連続や複製ではなく、色材と支持体の関係と偶然性を積極的に取り入れる絵画的な表現方法として、オープン・スクリーンがある。オープン・スクリーンは、製版するのではなく、紙やその他の素材の上に空紗を直接のせて捺染していく。次に1から6の方法を紹介する。

1　ケント紙や画用紙を切り抜き、布の上にのせ、さらに、その上に空紗をのせて染料または顔料で捺染すると、紙の部分は型となり防染され、製版の必要のない簡単なシルクスクリーンとなる。❶❷❸❹

2　切り紙細工、マスキングテープや糸などの素材の上から捺染する。❺❻❼❽

3　色材となる色糊をマーブル状に

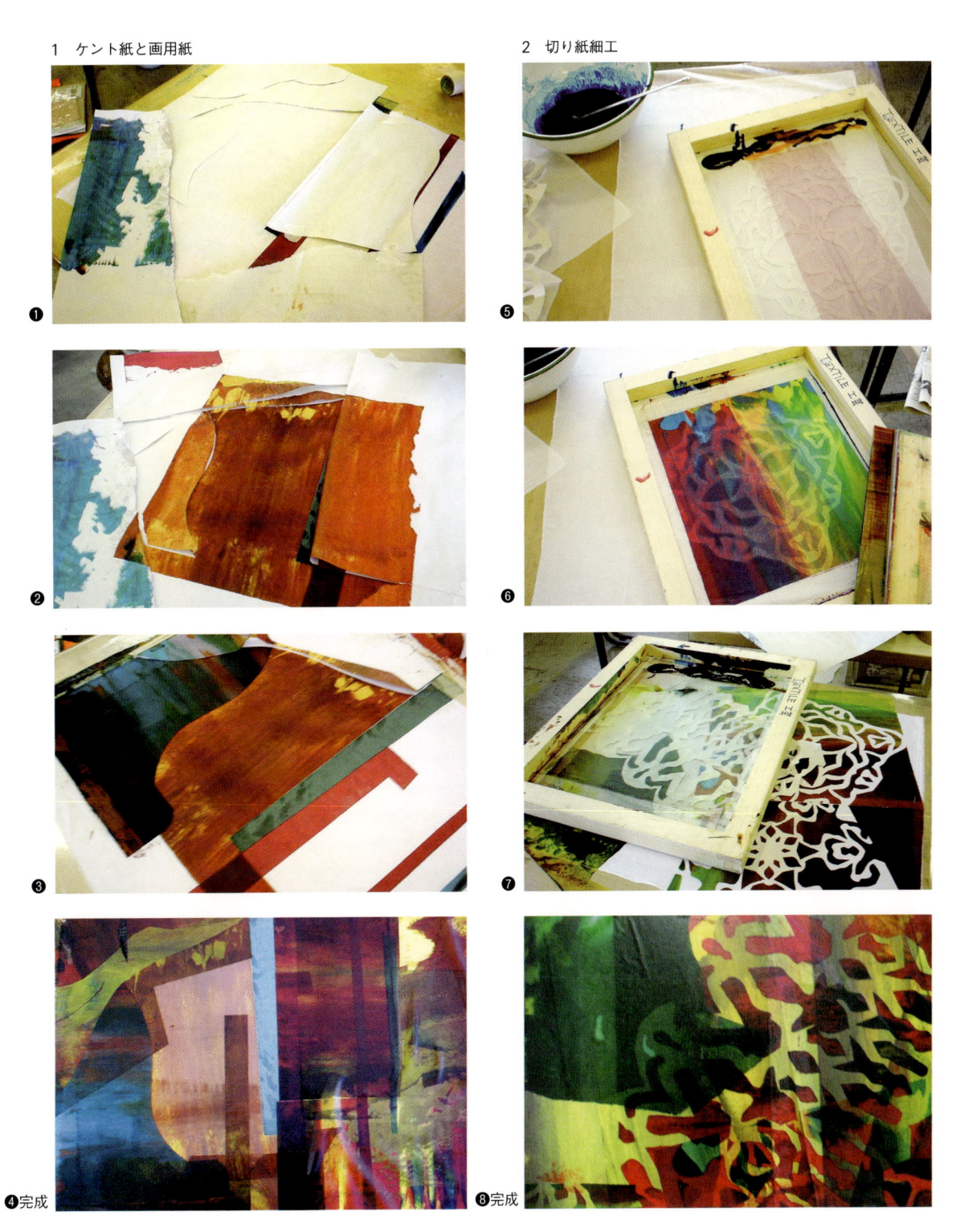

1　ケント紙と画用紙
❶
❷
❸
❹完成

2　切り紙細工
❺
❻
❼
❽完成

捺染する。
4　版の上に直接色糊のドリッピングを重ねたものをスキージでとる。
5　布に水分を含ませた上に捺染する。
6　布に皺を作り、その上から捺染する。❾❿⓫⓬

　オープン・スクリーンは偶然性の色と形を生かす方法なので、絵画的表現や感覚的に行うドローイングに適している。さらに染料と顔料、そして支持体となる布の種類と組み合わせによっては、絵画的表現の幅を広げることができる。製版しないので簡単に形が防染できるが、防染している型に紙を使うと耐水性がなく一回性のみのダイレクトな表現となり、形の再現性には不向きである。連続したデザインを制作するのであれば、製版したものを使用したほうがよいだろう。

6　布

❾

❿

⓫

⓬完成

● **オープン・スクリーンから布象嵌、絵画的作品への展開**

オープン・スクリーンは身体と感覚がダイレクトに色と形に表現できる方法である。ドローイングを作品化していくために、さらにトリミングやコラージュを行う。

　布をコラージュする際に、象嵌の方法を組み合わせることにより、色彩と構成に加え、素材感を強調することができる。象嵌は、もともと陶器や木工工芸品に使われる埋め込み技法だが、布に応用すると、布の素材感（糸の太さ、織り方、繊維の表情）がよりいっそう強調される。制作の際は、スプレー洗濯糊を使って捺染した布（ソーピングから定着まで終わったもの）にアイロンをかけるとカッターで切れるので象嵌しやすい。

　表現の可能性を広げるためには、クルト・シュヴィッタースのコラージュをはじめ、モーリス・ルイスのステイニング（にじみ）による作品、ジャクソン・ポロックのアクションペインティング、マチスの切り絵、フランク・ステラのシェイプト・キャンヴァス（不定型な画面を持つ）や、具体派の白髪一雄、元永定正などの絵画作品を観ることや、シュポ

制作風景

ール／シュルファスの美術運動を知るのも手がかりのひとつになるだろう。

● **天然染料**

古代より身の回りの自然から色を得るため、天然染料として植物を多く用いてきた。たとえば紅葉した葉やシダの葉にハンカチをのせ木槌（きづち）で軽く叩くとその形と色が写って「たたき染」ができる。葉や花の絞り汁を使うとそのままの色ではないが絵が描ける。オニユリの花びらやヨウシュヤマゴボウの実で色水を絞り出すこともできる。しかしこれらは時間が経つと色は褪せて変色したり、水で洗うと落ちてしまう。つゆ草の花びらから得られる青は水で落ちるので、染色の下描きとして利用される。

1856年、W. H. パーキンが、コールタールを原料として紫色の塩基性染料（モーブ）を作ったのが合成染料の始まりと言われ、19世紀中頃に合成染料が発明されるまでは、すべて天然染料で染められていた。植物染料は、植物の葉、根、茎、花、果実などから抽出した液を染料とするが、ほうれん草を煮ると緑色でなくなってしまうように、葉や草花などの多くの植物は、長い時間熱を加えると成分が変化し、植物の持っていた色そのままに染まることはない。浸染による植物染料の染色は長時間熱して煮出した液で染め、金属塩による媒染で色を定着させる。この媒染剤の種類により同じ植物で染色しても発色が全く変わってくる。

天然の染料は植物の他にも、貝紫、コチニールなどの動物性のものや、顔料と呼ばれる朱、ベンガラなどの鉱物性のものも含まれるが、ほとんどは植物から採れる染料が使われる。植物はどんな植物でも色素があるので、染色と媒染を行えば必ず何らかの色に染まるが、植物の種類により染まりやすさや堅牢度は様々である。

昔から植物染料の代表的なものは、漢方薬として使われているものが多いようで、これは呪術に関係している。飲んでよいものは、それで染めたものを纏っても身体によいという考え方があり、また、実際の薬効も関係していたようだ。人間が身

紅花

藍

日本茜

つゆ草

左から、矢車、キハダ、クチナシ　エンジュ、コチニール、紅花

の回りのものに色を用いた最初の目的は、装飾よりも、災害、病気、悪魔のたたりから身を守るため、一種の呪（まじな）いとして、身体に直接、土や草の汁で彩色したと言われる。つまり古代の人々は、悪魔払いや厄除け、疫病、ケガ、毒虫から身を守るため、染色した布を身に纏うようになった側面もあるようだ。

今では染料店に行くと、乾燥した植物染料や液体植物染料も手軽に購入できるようになり、誰でも簡単に同じように染めることが可能な時代となった。最近では渋い・落ち着いた、などのナチュラル感覚で植物染料が好まれる傾向が強いようだが、作品を制作する場合、「なぜ植物染料を使うのか」「植物染料を使うにはどのような意味があるのか」が重要となる。

「植物の力」「植物の生きてきた時間」「植物との出会い」「植物とのかかわり」は作品の内容と大きくかかわる。自分で植物を採集することや、栽培することも作品のコンセプト、表現にかかわる重要なことかも知れない。

●タマネギの染色／抽出・染色・媒染

ここではもっとも身近な植物のひとつであるタマネギを例にとって、植物染料による染色の基本工程を解説する。染液にするための植物の量は、染料の種類とその部分（葉・花・茎・根・樹皮等）と状態（生・乾燥）、そして染める繊維の重さ、濃さにより変わる。タマネギの場合は染める繊維の重さの30％の量を標準目安にするが、他の植物では100〜400％となる。しかし日本茜を使って緋色を染める場合は2400％もの根が必要となる。

1　タマネギの皮を鍋に入れ、水を加え火にかける。沸騰してから約30分煮る。染液を作る時は細かくした植物に、染める繊維（糸、布）の重さの20〜50倍のお湯を加え、30〜60分間煮る。繊維の重さに幅があるのは、糸の太さにより布の面積等に違いが出るためである（染液の中で繊維が泳ぐ程度がよい）。また染液とする植物は、部分（葉・花・茎・根・樹皮等）により硬さが違うので煮る時間も異なる。

2　液が熱いうちに濾す。これを1番液とする。

❶タマネギより染液の抽出　　❷濾す 　　❸染色

3　タマネギの皮をもう1度入れ、再度煮て染液をとる。2番液となる。

4　1番2番の液を一緒にして染液とする。植物の種類によっては1番液を捨てて、2、3番液を使うこともある。これは樹皮や根の場合が多く、煮る回数を増やすことにより抽出される繊維が柔らかくなり、色素が多く抽出できるためである。

5　布、糸を入れて10分間煮て染色する。植物繊維（綿、麻）を染める場合は事前に繊維を豆汁に30分程浸しておく。動物繊維はタンパク質があるので染着しやすいが、植物繊維はそのままでは染着しづらい。あらかじめ植物性タンパク質（豆汁）に浸して濃く染めるようにする。豆汁の代わりに牛乳でもいいが、匂いがつくので注意が必要だ。

6　軽く水洗い。

7　媒染液に室温で30分間浸す。媒染の種類により同じ植物でも発色が変わる。

アルミ媒染では、染める繊維の2〜10％の酢酸アルミを、20〜40倍の水に溶かして使う。

鉄媒染では、10〜50％の木酢酸鉄を、木綿・絹の重さの20〜40倍の水に溶かして使う。その他の媒染には銅、錫、灰汁等がある。

8　水洗い。ここで終了。さらに濃く染めたい場合は、以下の作業を行う。

9　染液を2つに分けて、10分間煮て染色。

10　水洗い。

11　もう1度、媒染液に浸す。

12　残った染液に浸し10分間煮て染色。

13　水洗い。染色と媒染を繰り返すと濃く染まるが、これは最初に抽出した植物染料の色素濃度による。

14　最後にソーピングをして余分な染料、媒染剤を落とす。

エンジュ

エンジュの鉄媒染（左）とアルミ媒染（右）

タマネギ

タマネギのアルミ媒染（左）と鉄媒染（右）

クチナシ

クチナシのアルミ媒染（左2点）と鉄媒染（右）

紅花の赤色素・黄色素で染めた布（絹）

紅花

| 作品紹介 | 榎本寿紀 |

「よーな」1992　ギャラリーNWハウス　W600 × H600 × D300cm　素材：羊毛、植物染料

「角跡」1994　宮城県立美術館
W500 × H400 × D120cm　素材：羊毛、植物染料

「heuristic〈よーな〉のささやきが聞こえる」1997　千疋屋ギャラリー
W800 × H270 × D500cm　素材：羊毛、真綿、植物染料

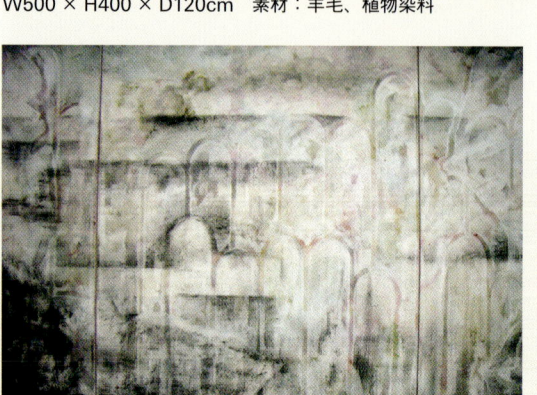

「水たまりの舟」（部分）

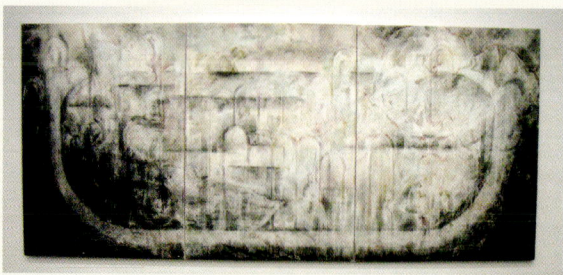

「水たまりの舟」2005　CASO　W273 × H116.7cm　素材：綿布、植物染料、天然顔料

「粒」2000
ギャラリーカフェ
くりっく
W178.2 × H84.1cm
素材：綿布、植物染料、
天然顔料

「円石の殻」2000
ギャラリーカフェ
くりっく
W364 × H116.7cm
素材：綿布、植物染料、
天然顔料

3章

織
基礎・実技・プレゼンテーション

3-1 織物理論
3-2 織
3-3 繊維と糸／糸作りと糸染
3-4 組織演習
3-5 テクスチャーとサーフェイス研究
3-6 インテリアファブリックの研究
　　プレゼンテーション1
3-7 格子のタペストリーを織る
　　プレゼンテーション2

3-1

織物理論

鈴木純子 + 岡本直枝

織物のデザインにおいて、材料、色彩、組織の三要素を理解し構成することは大切である。並行や交差による糸の集積で表現される織物の色彩は並置混色である。また、羊毛を紡いで（spinning）糸を作る時の原毛による混色は絵具の混色方法に似ている。織物の経糸（warp）と緯糸（weft）は直角に交差した構造を持つが、紗、絽、羅などは絡み織組織（leno weave）とも呼ばれ、直角に交差しない特殊な例である。

●織物の組織について／Textile Design

織物は、経糸と緯糸の組み合わせによって組織（design）が作られる。織物を構成する経糸が緯糸の上になったり、下になったりして交差を繰り返しながら面を作るのだが、この時の、上になることを「浮く（up）」と言い、下になることを「沈む（down）」と言う。この状態を方眼紙に描いたものを、組織図（design）と言う。

意匠紙（design paper）

織物の組織を平面に書き出すために用いる方眼紙を言う。経糸（図1の黒線）と緯糸（図1の白線）が、上下に交差した織物の、経糸が浮いている部分を黒く附点する（図2の黒い升目）。これを組織点と言う。白の点は、経糸が沈んでいる（緯糸が経糸の上にある）状態を示している。

完全組織／Key 組織

織物は、織物組織を構成する単位を基礎として前後・左右に繰り返し構成される。この単位組織を完全組織（Key 組織）と言い、意匠紙に描いたものを完全意匠図という。

たとえば 2／2 RHT（Right Hand Twill）とは、右上りの斜文線を持つ斜文織を示し、この組織は経糸・緯糸それぞれ 4 本で構成される。つまり 4 枚綜絖（そうこう）で織られる斜文織（4 harness twill）のことであり、分子の数（2・浮数）、分母の数（2・沈数）は、経糸が完全組織（1 循環）で表される浮き・沈みの数を意味している。組織点は必ず完全意匠図の左下から打つこと。織物理論は経糸が基準になるので、「経糸 1 循環」を基本に考えよう。

右上がりの斜文線を持つ斜文織

$\dfrac{2}{2}$ RHT(Right Hand Twill)

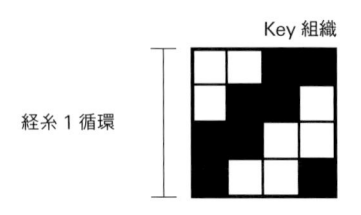

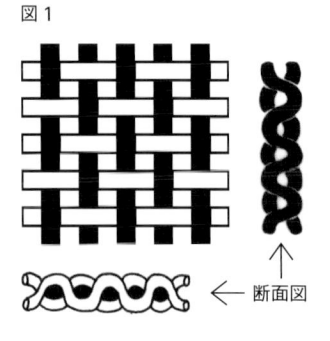

図1

図2　組織図

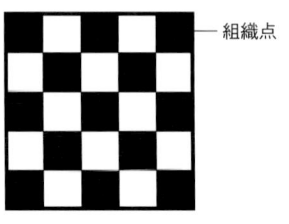

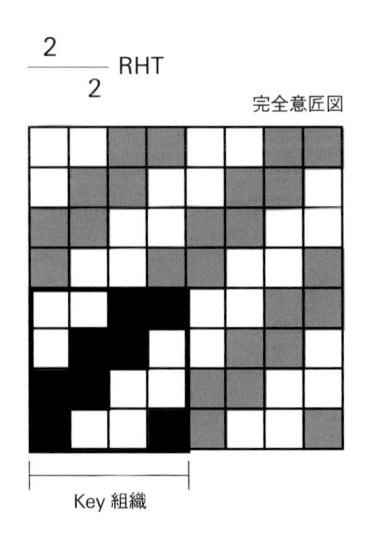

$\dfrac{2}{2}$ RHT　完全意匠図

●織の三原組織

織の基本組織として平織、斜文織、朱子織の3つがある。これを三原組織という。ちなみに綾織とは斜文織の俗称である。ここでは正しく斜文織で統一する。

平織（plain weave）は、経・緯2本ずつで循環し、いずれの糸も1本ごとに浮き沈みする。もっとも単純な組織であるが、糸の混紡率、太さ、撚り、染色により変化にとんだ織物を作ることができる。

斜文織（twill weave）は、経糸・緯糸3本以上で作られる組織点が斜めに連続して、畝状の線が表れる。これを斜文線という。正則斜文（regular twill）の完全組織は、経糸と緯糸の数が等しく、糸の太さ、密度が等しい時に斜文線が45°の角度になる。平織に比べ交差度数が少なく糸の密度を増やし、地を厚くすることができる。

朱子織（satin weave）は、経糸・緯糸5本以上で作られる。組織点が少なく、織物の表面には、経糸・緯糸のいずれか一方が多く表れる。正則の朱子は完全組織において、経糸1本の1循環に1回のみの組織点を持つ。組織を描く場合、完全組織の糸数を、公約数を持たない2つの数に分ける。この数を「飛び数」と言う。経糸か緯糸のどちらかが多く表に表れるので、糸の光沢が生きた布、サテンとなる。組織点が少ないので堅牢度は弱い。

平織の完全意匠図とKey組織 （各組織図の太線内はKey組織を示す）

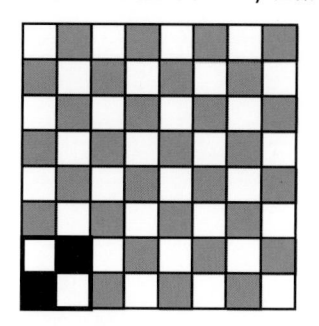

斜文織の完全意匠図とKey組織

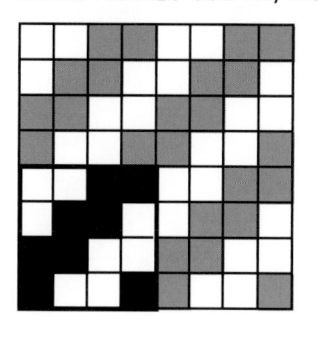

斜文線——斜文織の角度と方向
右上がり：RHT(Right Hand Twill)
左上がり：LHT(Left Hand Twill)

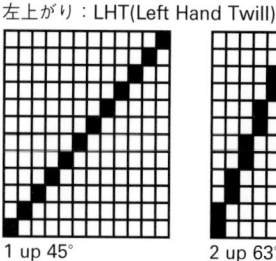

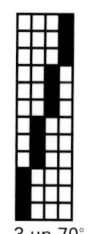

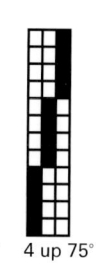

1 up 45°　　2 up 63°　　3 up 70°　　4 up 75°

朱子織の完全意匠図とKey組織

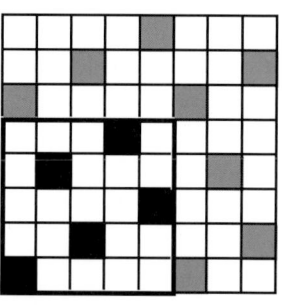

5枚緯朱子（飛び数：2）の表 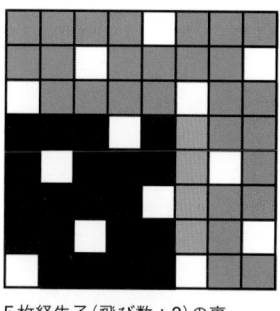　　5枚経朱子（飛び数：2）の裏

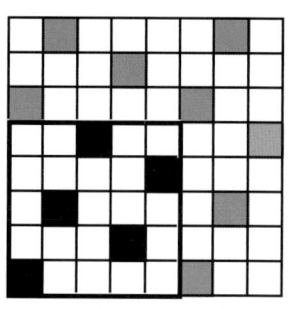

5枚緯朱子（飛び数：3）の表 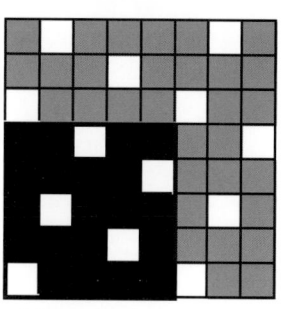　　5枚経朱子（飛び数：3）の裏

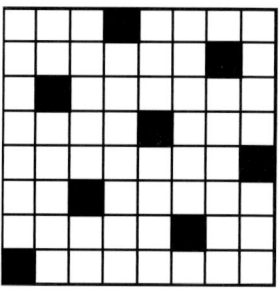

8枚緯朱子（飛び数：5）の表 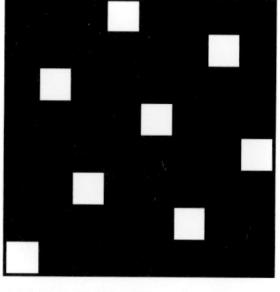　　8枚経朱子（飛び数：5）の裏

飛び数の決め方
5枚朱子：5＝3＋2（飛び数：3と2）
8枚朱子：8＝5＋3（飛び数：5と3）

●8枚綜絖斜文（8harness twill）30種類

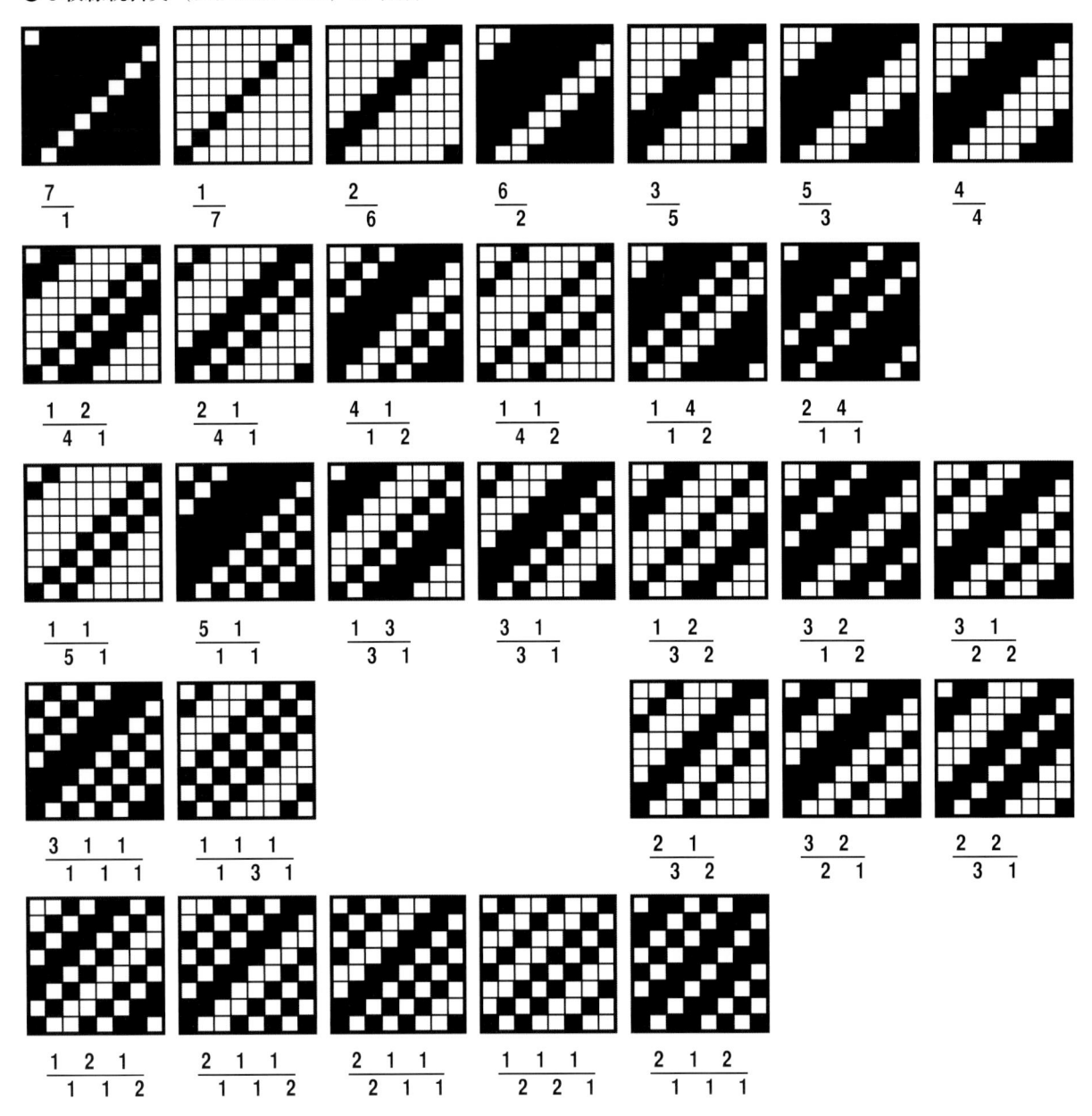

$\frac{7}{1}$　$\frac{1}{7}$　$\frac{2}{6}$　$\frac{6}{2}$　$\frac{3}{5}$　$\frac{5}{3}$　$\frac{4}{4}$

$\frac{1\ 2}{4\ 1}$　$\frac{2\ 1}{4\ 1}$　$\frac{4\ 1}{1\ 2}$　$\frac{1\ 1}{4\ 2}$　$\frac{1\ 4}{1\ 2}$　$\frac{2\ 4}{1\ 1}$

$\frac{1\ 1}{5\ 1}$　$\frac{5\ 1}{1\ 1}$　$\frac{1\ 3}{3\ 1}$　$\frac{3\ 1}{3\ 1}$　$\frac{1\ 2}{3\ 2}$　$\frac{3\ 2}{1\ 2}$　$\frac{3\ 1}{2\ 2}$

$\frac{3\ 1\ 1}{1\ 1\ 1}$　$\frac{1\ 1\ 1}{1\ 3\ 1}$　$\frac{2\ 1}{3\ 2}$　$\frac{3\ 2}{2\ 1}$　$\frac{2\ 2}{3\ 1}$

$\frac{1\ 2\ 1}{1\ 1\ 2}$　$\frac{2\ 1\ 1}{1\ 1\ 2}$　$\frac{2\ 1\ 1}{2\ 1\ 1}$　$\frac{1\ 1\ 1}{2\ 2\ 1}$　$\frac{2\ 1\ 2}{1\ 1\ 1}$

- 1段目左端7／1は「ななのいち」と読み、経糸1循環で経糸の浮き（浮数■）は7つ、経糸の沈み（沈数□）は1つであることを示す。
- 2段目左端1 2／4 1は「いちのよんのにのいち」と読み、経糸1循環で経糸の浮き（■）がまず1つ、次に沈み（□）が4つ、続いて浮き（■）が2つ、沈み（□）が1つを示す。
- 4段目め左端3 1 1／1 1 1は「さんのいちのいちのいちのいち」と読み、経糸1循環で経糸の浮き（■）がまず3つ、次に沈み（□）が1つ、浮き（■）1、沈み（□）1、浮き（■）1、沈み（□）1と続くことを示す。

●色による配列効果

織物における色の配列効果とは、経糸・緯糸の規則的な配列から生まれるパターンのことである。

織の構造の変化により、多くのパターンを織り出すことができるが、ここではその基本的な考え方を紹介する。

W＝白
B＝黒

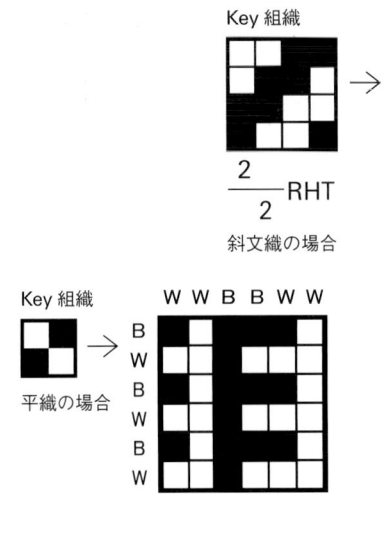

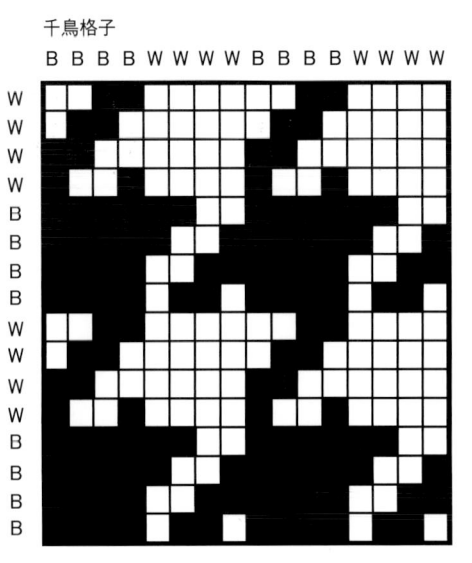

Key 組織　$\frac{2}{2}$ RHT　斜文織の場合

Key 組織　平織の場合

千鳥格子

●二重織（double cloths）

表（Top）・裏（Back）一重織物を、経糸・緯糸ともに別糸を用い上下に2枚重ねて織ったもの。袋織物（hollow cloths／tube cloths）と接結（stitdhed）があり、用途は袋織物・倍巾織物・厚地織物・両面織物・絞織物である。ここでは基本的な二重織の考え方の他に風通織とピックアップを紹介する。風通織はストライプもしくは格子文様を二重に織ることができる。ピックアップは経糸を手ですくいながら織ることにより、比較的自由な図柄を織ることができる。

❶ 表（Top）裏（Back）の Key 組織を定める。ここでは平織とする。
❷ 表・裏の各経糸・緯糸の配列決定。配列は1：1とする。
❸ 裏の経緯を彩色し表と区別する。Topを■、Backを▩とする。
❹ 表の組織点■を入れる。
❺ 裏の組織点▩を入れる。
❻ 裏の緯糸を打ち込む時、表の経糸を全部引き上げなければいけないので、表経糸と裏緯糸の交点に、組織点▩を入れる。

表裏平織の二重織組織図

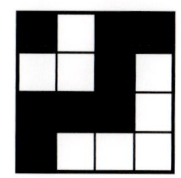

❶ Key 組織　　表（Top）
　　　　　　　裏（Back）

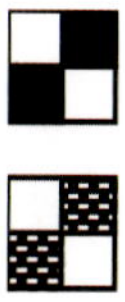

❷ 配列 1：1

❸ 表（Top）■
　裏（Back）▩

❹ 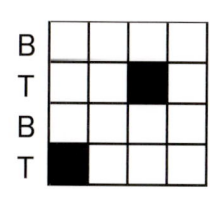
❺ 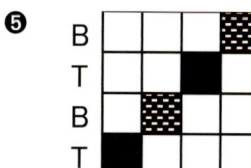
❻

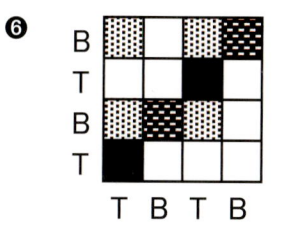

●風通織（figured double weave with color effect）

❶ 表（Top）と裏（Back）の経糸を、交互に綜絖に通す。たとえば表（Top）は奇数の綜絖、裏（Back）は偶数の綜絖。
❷ 筬目（おさめ）1目に、経糸2本を一緒に通す（込みざし）のが一般的である。
❸ 綜絖通しは、4枚順通しの2つのグループに分けて通す。たとえば綜絖1234＝をAグループとし、5678＝Bグループとする。
❹ Aの組織とBの組織を組み合わせる。

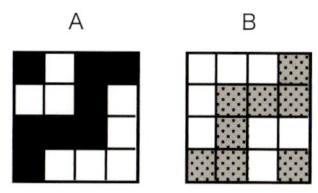

A　　B

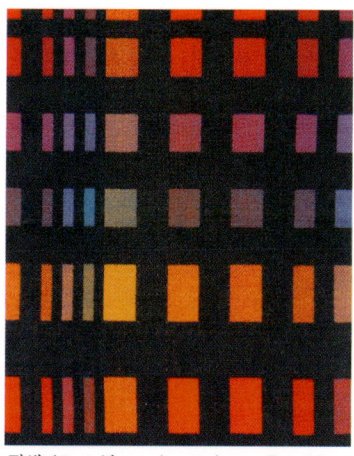

デザイン：ジャック・レナー・ラーセン

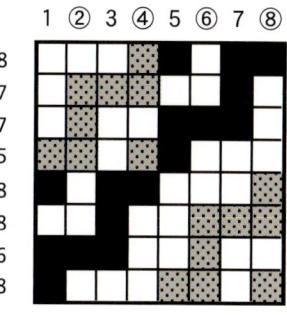

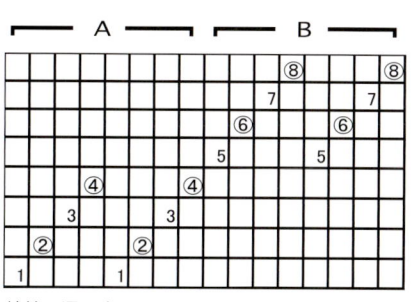

綜絖の通し方

●ピックアップ

ピックアップは、織機を使って自由な絵柄を織り出すことができ、また多様なカラーミックスの効果の得られる技法である。現在、プロダクト生産での織の柄出しは、そのほとんどが、経糸をコンピュータにより自由に制御するコンピュータジャカード織によるが、ピックアップは作品、手織による小ロットのプロダクト製品、また、織サンプルなどの制作に有効である。

○経糸の掛け方：筬目は表面用、裏面用に丸羽（2本組）で通す。写真では表を白、裏を黒とする。

pick up、down は筬と綜絖の間で行う。

❶裏経糸2と4の綜絖を同時に上げ、柄部分を pick up し綜絖を元に戻す。

❷1と3の綜絖を交互に上げ表面を2段織る。

❸表経糸1と3の綜絖を同時に上げ、柄部分を pick down し元に戻す。

❹2と4の綜絖を交互に上げ裏面を2段織る。

経緯糸の色の選び方で多様なカラーミックスが表現できる。

様々な柄が比較的自由に表現できる。

下3点のデザイン・制作：大澤由夏

●織組織の研究

織物の組織は三原組織を基礎として変化し、または混合して作り出すことができる。代表的な方法としては、拡大法、交換法、組み合わせ法がある。経糸・緯糸の浮き・沈みをバランスよく考えることが大切である。目的を持つ布のデザインには、特にこの点を留意する必要がある。

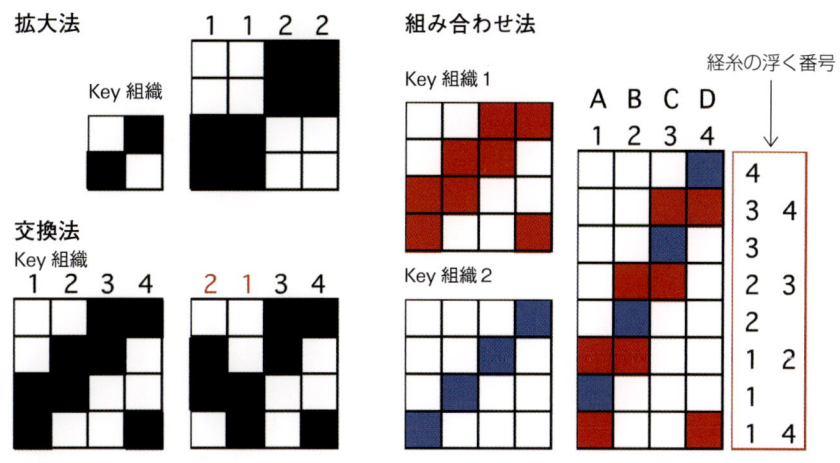

拡大法
Key 組織

交換法
Key 組織

組み合わせ法
Key 組織 1

Key 組織 2

経糸の浮く番号

●綜絖番号の決め方（Drawing in Draft）

A の一循環における組織点と B とは異なるので、A を 1 の綜絖とし、順次調べながら番号を印することで、綜絖の通し方が決定される。

●オリジナル組織の考え方

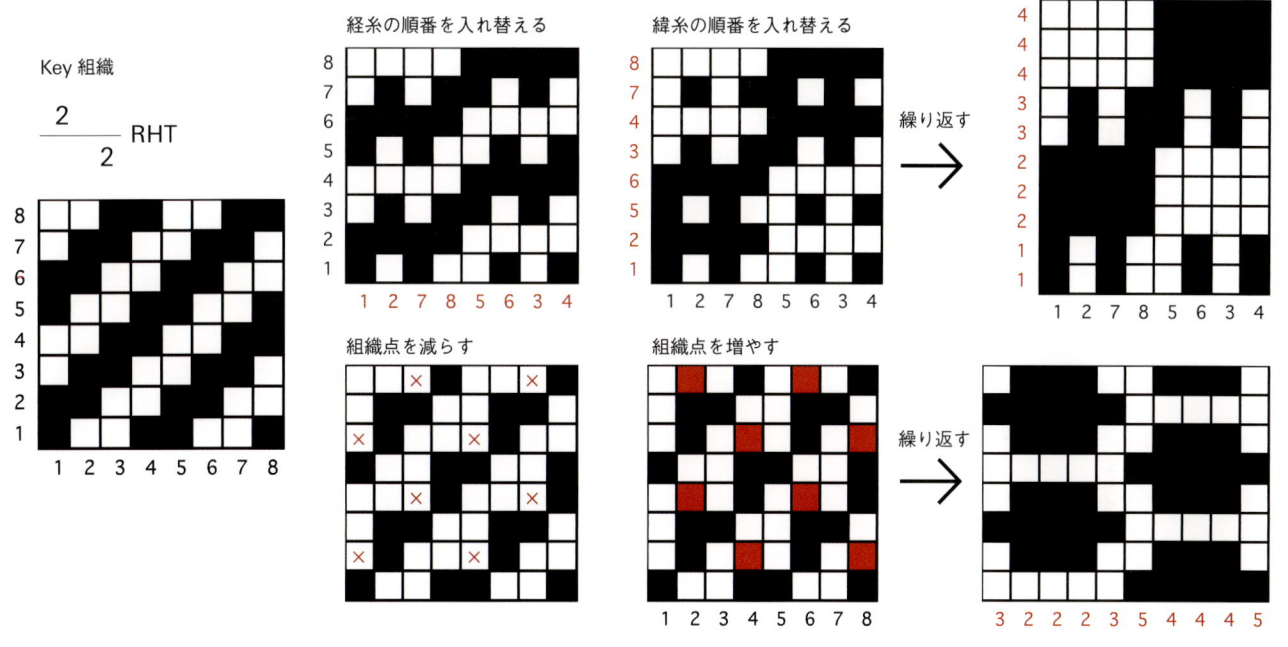

Key 組織
$\frac{2}{2}$ RHT

経糸の順番を入れ替える

緯糸の順番を入れ替える

繰り返す

組織点を減らす

組織点を増やす

繰り返す

●基本となる綜絖の通し方 Drawing in Draft

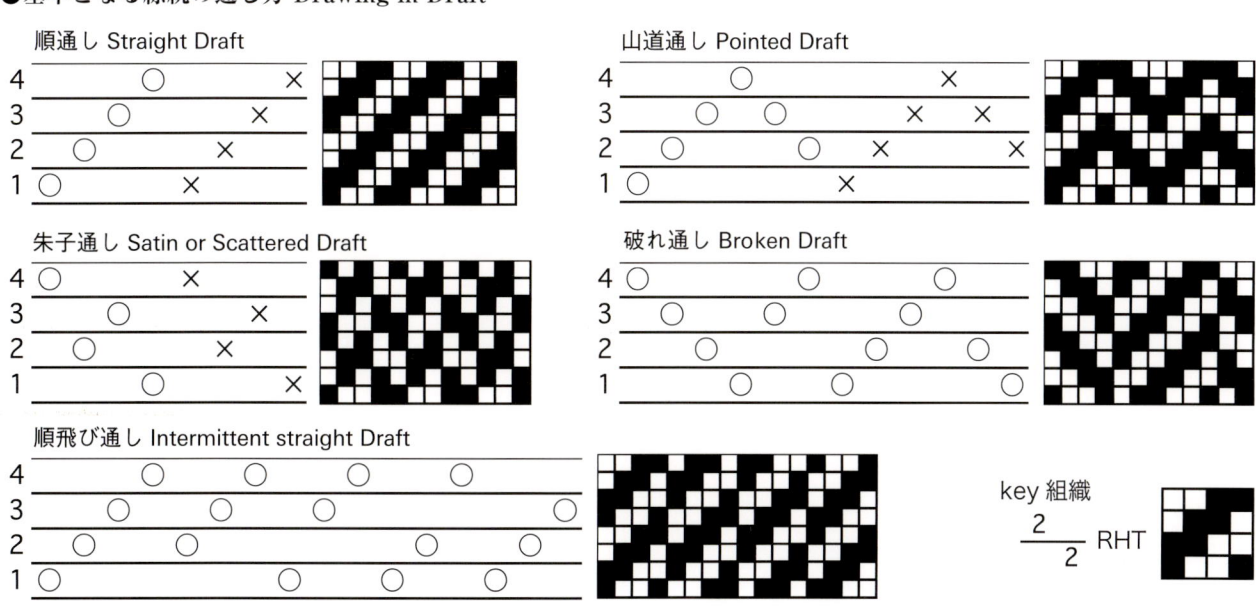

順通し Straight Draft

山道通し Pointed Draft

朱子通し Satin or Scattered Draft

破れ通し Broken Draft

順飛び通し Intermittent straight Draft

key 組織
$\frac{2}{2}$ RHT

織／基礎・実技・プレゼンテーション

3-2

織

鈴木純子＋岡本直枝

●織機の五大主要運動

力織機のおもな働きに次の5つの運動がある。これを五大主要運動と言う。

開口運動 (Sedding Motion)	綜絖の上下で、経糸にシャトル（杼）の通る道を作る。
緯糸運動 (Picking Motion)	杼口（ひぐち）に緯糸を投入する。
緯打ち運動 (Beating Motion)	杼口に通した緯糸を、筬で、織口に打ち寄せ、経糸と緯糸の交差を完成させる。
巻き取り運動 (Take-up Motion)	織られた布を製織中に順次巻き取り、常に織口を一定の位置に保つ。
経糸送出運動 (Lett off Motion)	織布が巻き取られるので、ヤーンビームからこれに応じて経糸を送り出す。

●織機の構造と開口装置

織機は、経糸と緯糸を組織させるために、経糸を上下に分けて杼口を作り、その間に緯糸を通す。杼口を作るための経糸の運動を開口運動という。開口運動には上口開口、中口開口、下口開口の3つがあり、上口開口にはジャッキ式 (Jack)・ドビー式 (Dobby)・ジャカード式 (Jacquard) などがある。中口開口の織機には、ろくろ式・天秤式、また下口開口の織機には弓棚式などがある。

ジャッキ式

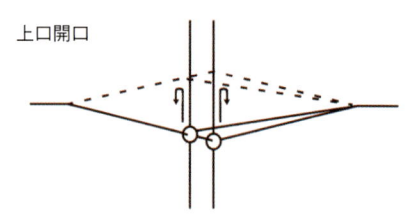

上口開口

天秤式

ろくろ式

中口開口

織機各部名称　LOOM＝ルーム／織機

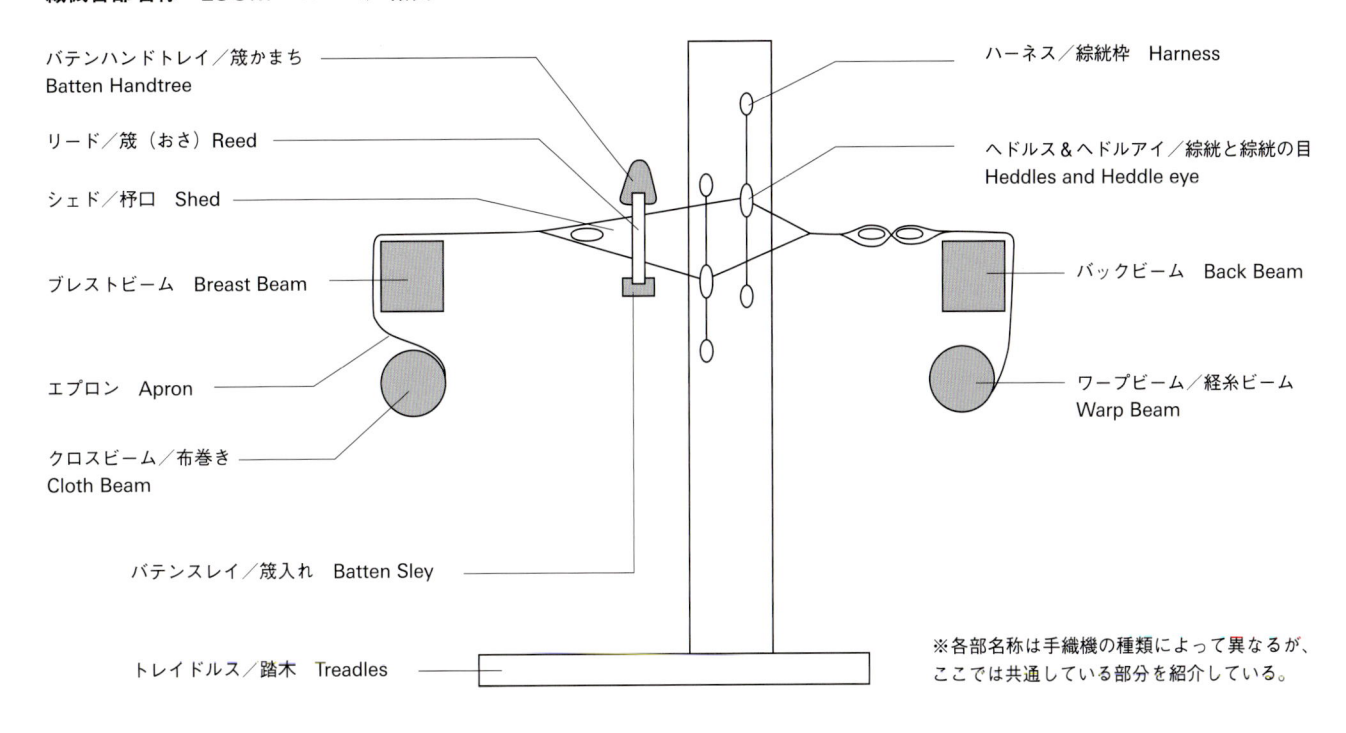

- バテンハンドトレイ／筬かまち　Batten Handtree
- リード／筬（おさ）Reed
- シェド／杼口　Shed
- ブレストビーム　Breast Beam
- エプロン　Apron
- クロスビーム／布巻き　Cloth Beam
- バテンスレイ／筬入れ　Batten Sley
- トレイドルス／踏木　Treadles
- ハーネス／綜絖枠　Harness
- ヘドルス＆ヘドルアイ／綜絖と綜絖の目　Heddles and Heddle eye
- バックビーム　Back Beam
- ワープビーム／経糸ビーム　Warp Beam

※各部名称は手織機の種類によって異なるが、ここでは共通している部分を紹介している。

●織準備

実際の織作業を始める前に必要な道具が揃っているか確認しよう。道具の確認がすんだら、いよいよ織の準備に入る。

❶筬通し Reed hook
❷綜絖通し Threading hook
❸板杼 Flat shuttle
❹小管 Bobbin　❺綾棒 Lease stick
❻すいたて Comb　❼シャトル（杼）shuttle
❽糸枠 Spool　❾機草（はたぐさ）

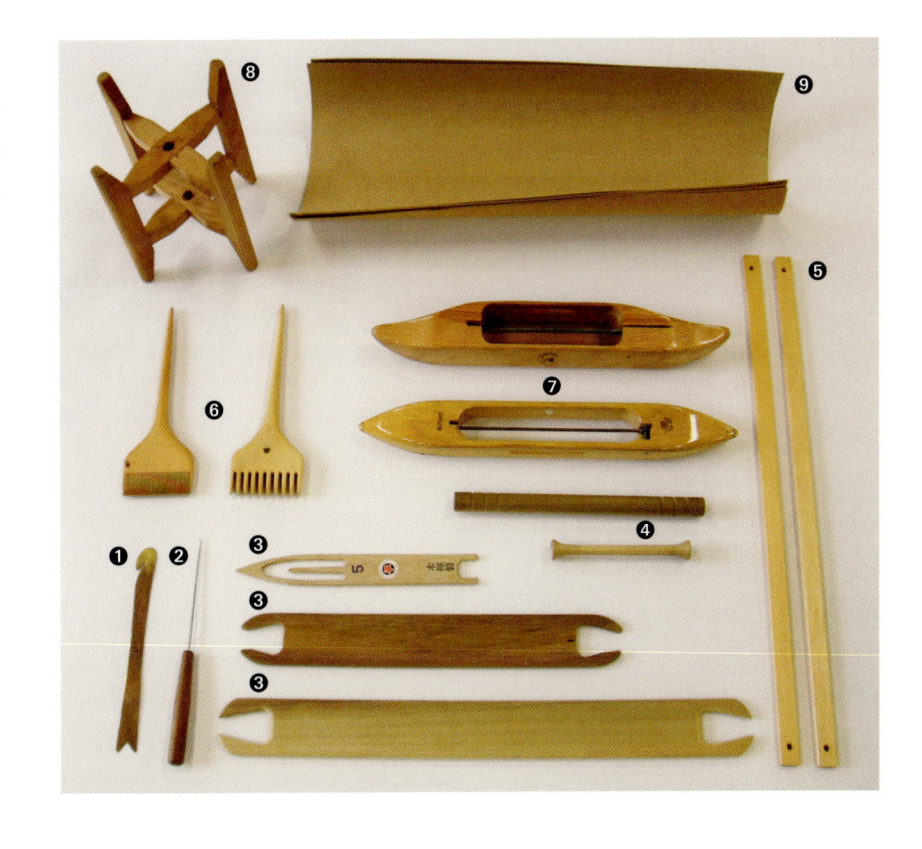

織／基礎・実技・プレゼンテーション　57

1 糸を準備する

カセ状の糸は、糸玉または大管や糸枠に巻いた状態に準備する。レーヨンなど糸玉にならない糸は糸枠に巻くとよい。

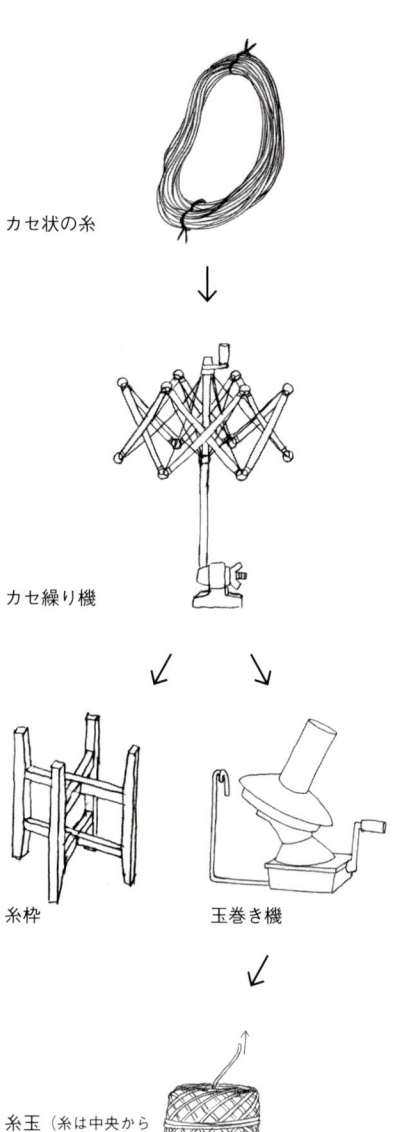

カセ状の糸
↓
カセ繰り機
↓ ↓
糸枠　玉巻き機
↓
糸玉（糸は中央から引き出して使う。）

2 整経する

必要な経糸の長さを事前に計算して引き揃える。

❶**整経長**（必要な経糸の長さ）を、ビニールテープ等で測り、糸の道筋を決める。

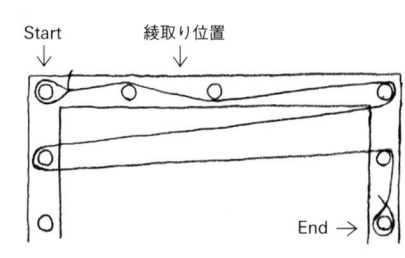

Start　綾取り位置
End →

❷道筋に沿って、経糸を往復させ、必要な本数分（織巾分）を引き揃える。その際、綾取り位置では、往きと帰りで1本ずつ交互に、交差させて綾を取る。

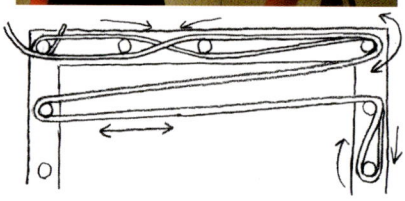

❸綾棒または紐等で綾を取る。両端末をきっちり結び、途中何箇所か糸がバラけない程度に縛る。整経が長い場合、鎖状に結んでおくとバラけない。

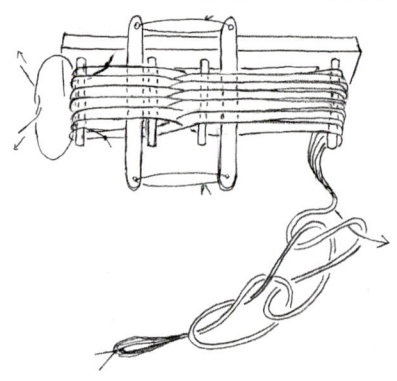

3 仮筬

織機に巻き取る際に、経糸が織巾で均等になるように仮筬をする。

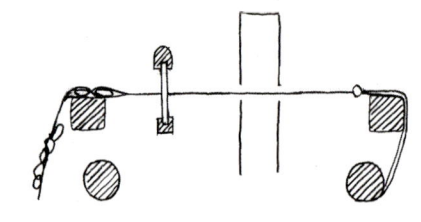

整経が終わったら糸を織機へ。仮筬が終わるまで織機をビニール紐で固定する。

❶筬通しのV字型のほうを使って、綾の順番通りに倍の本数を1目飛ばしで通す。ブレストビームに固定すると安定して通しやすい。

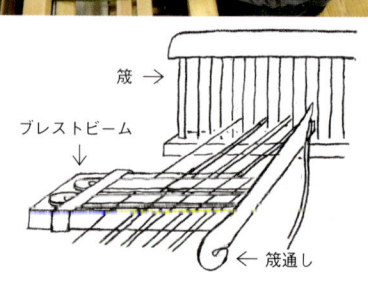

筬 →
ブレストビーム
← 筬通し

❷経糸は、筬の全巾に対して中央に来るように始点と終点を確認する。

❸綜絖枠の中を通って、ワープビームの棒に経糸を結びつける。経糸は、筬から垂直に延ばし、適当な束に持ち、端末を揃える。

結び方①

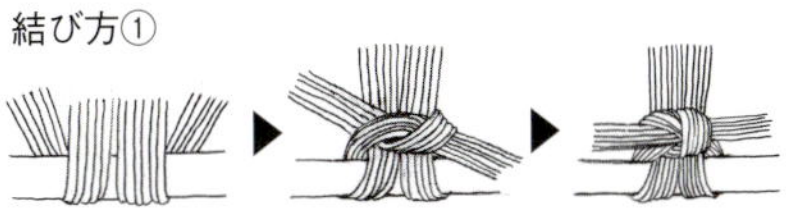

ブレストビームとバックビームの棒に結ぶ際に用いる。

結び方②　結び方③

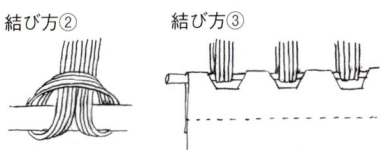

②と③は、バックビームでの固定に使用することがある。

4 綾移し

筬の手前にある綾を、筬の反対側に移す作業である。

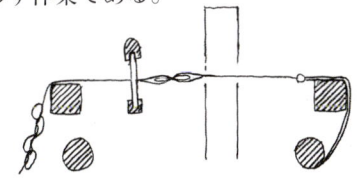

❶ a、b はそれぞれ綾棒である。

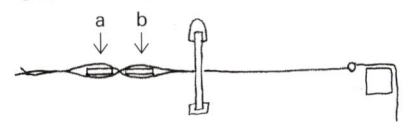

❷ 綾棒 b を立て経糸を開き、筬の反対側に入れ、b' を抜く。

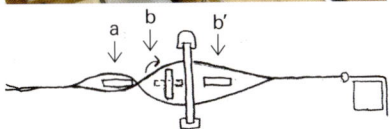

❸ a を立て、筬の反対側に入れ、a' を抜く。

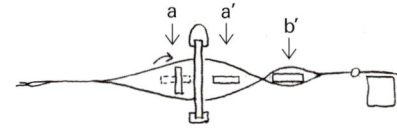

4 a'、b' の両端を結び、綾棒を閉じる。

5 巻き取り

経糸をワープビームに巻き取る。

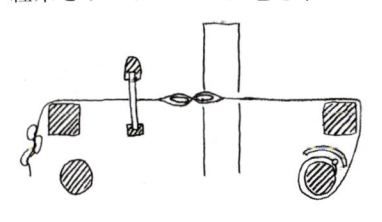

❶ 経糸を指やすいたてでほぐし、絡みなく均一なテンションになるように整えながら、ワープビームを回転させながら巻く。

❷ 結び目がビームまで来たら機草を挟み込みながら巻き取る。織機の手前と後ろで2人以上で行う。

❸ 筬から20cm程度手前まで、巻き取ったあたりまで巻く。

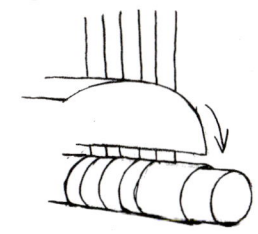

4 巻き終わったら経糸の先端を切って筬から糸を抜く。

6 綜絖通し

織設計どおりに綜絖を通す。綾の順に、綜絖通しで経糸を、1本ずつ奥から手前に綜絖の穴に通す。一定の本数ごとに軽く束ねておくと、綜絖の通し間違えも少なく確認しやすい。

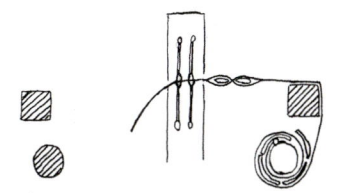

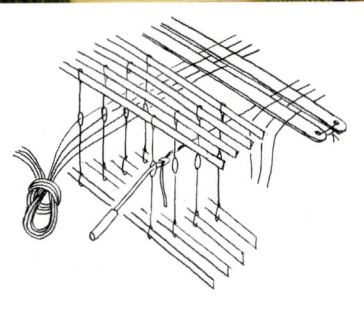

7 筬通し

綾と綜絖の順に、筬を通す。筬通しの頭の丸いほうを使い、奥から手前に引き抜く。仮筬の時とは違い、目を飛ばさずに通す。

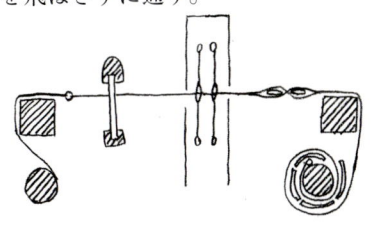

織／基礎・実技・プレゼンテーション　59

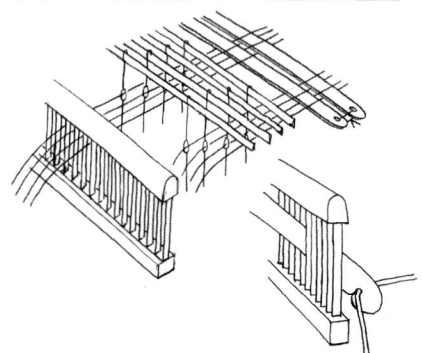

❷織り始めの糸始末

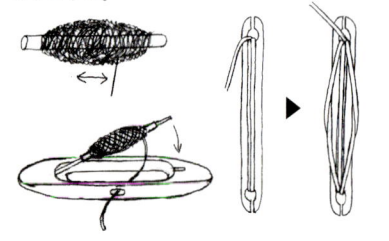

❺筬を手前に引き、緯糸を打ち込む。

❸ペダルやレバーを操作し、綜絖を開口させる。

10　糸を繋ぐ

●緯糸のゆるみの持たせ方

・巾広のものを織る場合

・巾が狭い場合

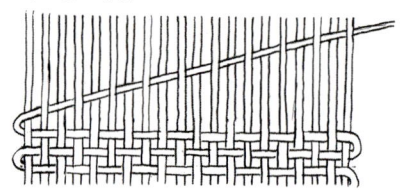

8　糸を結ぶ

バックビームと同様、フロントビームへ糸のテンションが同じようになるように結ぶ。いったん仮結びをしたあと、端から端まで手で触り、同じテンションであることを確認して固結びするとよい。

●緯糸の繋ぎ方

・太い糸の織り始め

・色を変える時

❹織巾の端からシャトルや板杼を通し、次の綜絖に変える。

9　織

❶織り始めに厚紙や薄い板を織り込み、経糸を安定させる。組織は平織が望ましい。

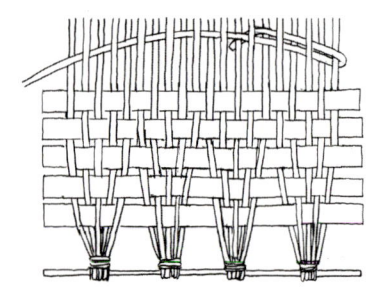

板杼とシャトルへの緯糸の巻き方
シャトルを使う場合は小管に左右均等に巻くようにする。

●織の途中で経糸が切れた時の結び方

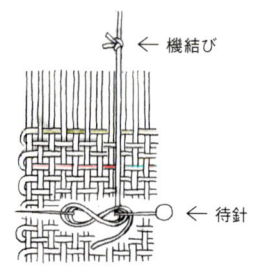

← 機結び

← 待針

・機結び

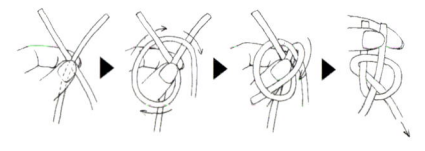

3-3

繊維と糸
糸作りと糸染

岡本直枝

長繊維 絹双糸

短繊維・梳毛糸　ウール双糸

短繊維・紡毛糸　ウール双糸

●繊維

繊維とは、巾は肉眼で見にくい程に細く、長さが巾の数十倍以上あるものを言う。科学的には高分子化合物（金属、ガラス繊維を除く）を指し、非常に多くの原子が鎖のように1列に長く繋がり合って高分子を作る。

繊維はその素材により、天然繊維と有機質繊維（化学繊維）に分けられる。

天然繊維

植物繊維（Vegetable Fiber 木綿、麻等）、動物繊維（Animal Fiber 羊毛、絹等）、無機繊維（金属、ガラス繊維）

有機質繊維（化学繊維）

再生繊維（植物の主成分、繊維素セルロースを薬品で溶かし、細長い繊維にしたもの。レーヨン、キュプラ等）、半合成繊維（再生繊維と合成繊維の中間。アセテート等）、合成繊維（石炭、石油、天然ガスを原料とし科学的に合成。ナイロン、アクリル、ポリエステル、ビニロン等）に分類される。

●紡績と製糸と紡糸

繊維を糸にするには、紡績、製糸、紡糸という方法がある。紡績（spinning）とは、短繊維を平行に並べ撚りをかけることであり、梳毛糸（そもうし）と紡毛糸（ぼうもうし）に分けられる。梳毛糸は良質の長い繊維を紡績した、滑らかで光沢のある糸を指し、紡毛糸は短い繊維や梳毛糸の製造途中で落ちた毛屑から撚り、毛羽立ちの多い軽い糸を指す。

製糸（silk reeling）は、蚕が吐き出したまゆを解舒して糸を括り取ることであり、取れた糸を生糸と呼ぶ。真綿は製糸せず広げたものを言う。

紡糸は、化学的な処理で液状化した素材を細いノズルから押し出し凝固させて連続した糸を作る。これをさらに短くしてから紡績することもある。

●糸の種類

糸は長繊維と短繊維に分かれる。長繊維（filament yarn）は長い繊維を引き揃えて作った糸を指し、生糸、レーヨン、ナイロンなどがある。短繊維（staple yarn）は短い繊維を平行に並べて撚りをかけた糸を指し、紡績糸（スパンヤーン）とも言い、綿、ウール（羊毛）、麻などがある。

●糸の番手

糸の太さを示す単位には、重さをベースとした「恒重式」と、長さをベースとした「恒長式」の2種類がある。

恒重式

○「番手」で表す。番手数の大きさは糸の太さに反比例する。
○短繊維（綿、麻、羊毛等）で作る紡績糸に用いる。
○標準重量における一定の長さを単位長と定め、単位長の倍数で太さを表す。

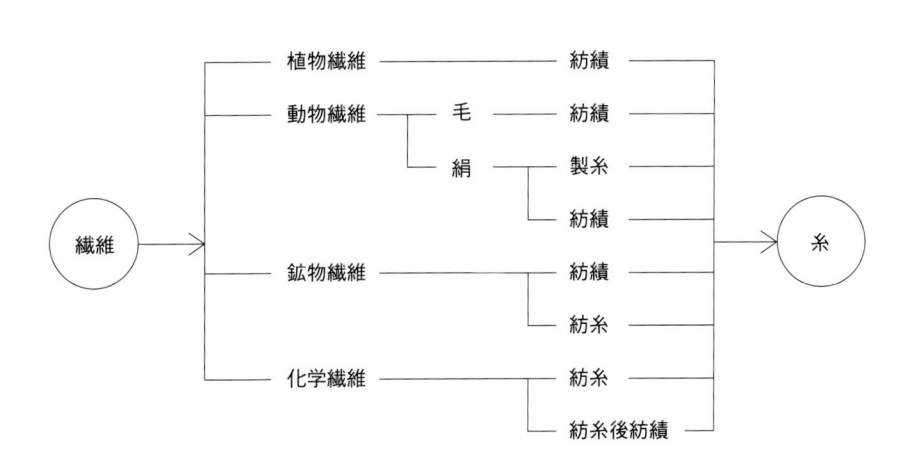

恒長式
○「デニール」で表す。デニール数の大きさは糸の太さに比例する。
○長繊維（生糸、レーヨンなど）で作る糸に用いる。
○標準長における一定の重量を単位重量と定め、単位重量の倍数で太さを表す。

●糸紡

ハンドカーダーと足踏み紡毛機を使って手紡する工程を紹介する。

1　原毛選び
羊は非常に多くの品種があるので、用途や好みにより選ぶ必要がある。一般に縮れ（crimp）が細かく、たくさんあるほど空気を含みやすく弾力のある暖かな布が仕上がる。

2　洗毛
下洗いのため、80℃のお湯に30分浸す。次に50℃前後の湯水に中性洗剤を溶かして30分浸し、湯水ですすぐ。水温の急激な変化を避け、強い撹拌はしない。

3　染色
化学染料や天然染料で染める。水温の急変と強い撹拌は避ける。水気は絞らずザルなどで水切りし、ザルなどを中空に浮かせて干すとよい。

4　毛ほごし
乾いたら、ゴミ、毛玉などを取り除きながら原毛をほぐす。毛先を持って毛の束を揃える。

5　カーディング
下のカーダーの上に毛束を平らに揃えて並べ、上のカーダーを軽く合わせてとかす。ある程度とかしたら、下のカーダーに残っている毛を上のカーダーに移し、上下のカーダーを入れ替えて繰り返しとかす。

毛束を平らに並べる

とかす

上下を入れ替える

6　コーミング
コーンの毛の方向は、紡ぐ方向に直角に作る場合と、同方向に作る場合がある。前者はより弾力があり嵩高で暖かな糸に、後者は嵩の出ないすっきりした糸になる。

コーミング

7　スピニング
❶紡機の糸の端を輪にし、フリースの先端を少し差し入れて軽く撚り、フリースを固定する。

❷左手でフリース全体を軽く持ち、右手で撚り始まりの箇所を強めにつまむ。左手のフリース手前に引く。この時の引き伸ばされたフリースの太さによって糸の太さが決まる。

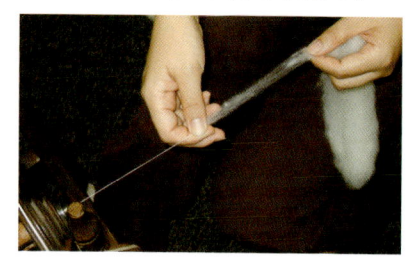

❸回転をかけると同時に右指のつまんだ位置を徐々に下げる。この時右手の指の間に回転の力を感じる。この回転の力と目で見た状態で、撚りの具合を判断する。

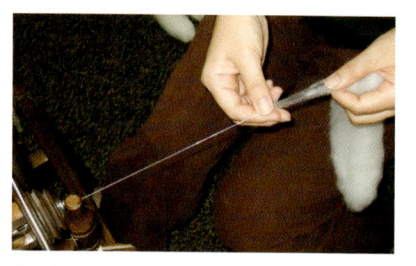

❹❸の動作を繰り返し、撚り糸が長くなったら、引っ張る力を抜き、紡いだ糸を巻き取らせる。そして再び、左手のフリースを後ろに引き延ばし❷、繰り返す。この時、撚りがかかりすぎて巻き取らないようなら撚り機のブレーキが甘い状態にある。また、撚りがかかり切る前に巻き取られてしまうようならブレーキが効きすぎの状態なので、適切な状態に調整する。

❺糸が溜まってきたら、巻き取り位置をずらしていく。

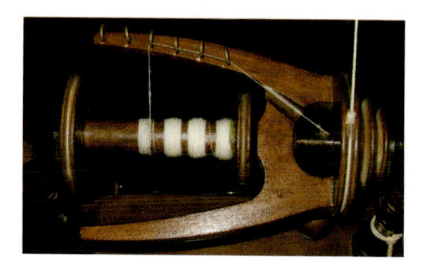

8 撚り止め

撚り止めには2つの方法がある。
○紡いだ糸を糸枠に取り、20～30分程度蒸す。
○紡いだ糸をカセに取り、80℃位の湯に20分程浸け、軽く絞って錘をつけて陰干しする。

●糸の撚り

糸の撚りの方向には左（Z）撚りと右（S）撚りがある。

左（Z）撚り　右（S）撚り

紡績したままでも糸として扱えるが、さらに複数本を撚り合わせて様々な糸を作ることができる。

単糸（たんし）
紡績した1本の糸。片撚りとも言う。

双糸（そうし）
単糸2本を撚り合わせたもの。

三子糸（みつこいと）
単糸3本を撚り合わせたもの。4本、5本と撚り合わせることもできる。

意匠撚糸
2本以上の糸を様々な具合に撚り合わせたもの。

●糸の撚り方向の組み合わせ

糸の繊維や太さが同じでも撚り方向の組み合わせによって、糸や布の外観、手触り、風合いへの影響が異なる。たとえば、下撚りした糸2本を上撚りし、撚り合わせて双糸にした場合、以下のような違いが生じる。

下撚りと上撚りの方向が同じ
ゴツゴツした糸になり、強く撚りをかけた時、撚り戻りは大きい。

下撚りと上撚りの方向が異る
よく密着しスムースな糸になる。安定し、強く撚りをかけても撚り戻る力が弱い。

●様々な意匠撚糸

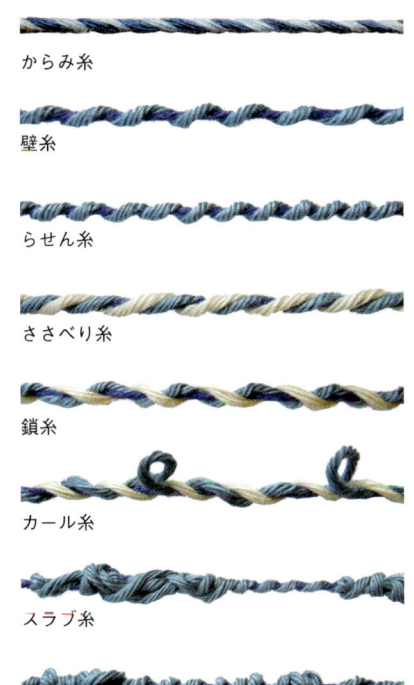

からみ糸
壁糸
らせん糸
ささべり糸
鎖糸
カール糸
スラブ糸
ノップ糸

●糸の撚りと布

撚りの組み合わせだけではなく、撚りの強さ・方向・種類・撚り戻しによって、布の外観・手触り・風合いに影響がある。

薄地の布
経・緯の撚り方向が同じ糸を使うと経緯がよく密着しスムースな手触りの薄地を織ることができる。

厚地の布
経・緯の撚り方向が異る糸を使うと経緯が互いに滑り、厚地を織ることができる。組織がはっきりと見える。

●撚り戻しと風合い

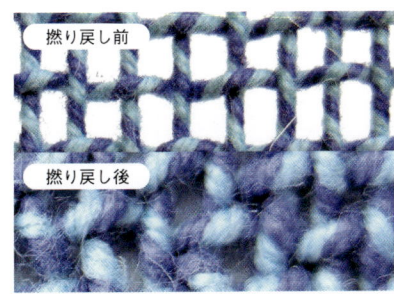

撚り戻し前
撚り戻し後

経糸S撚り×緯糸S撚り

撚り戻し前
撚り戻し後

経糸S撚り×緯糸Z撚り

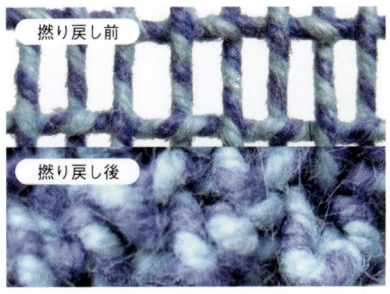

撚り戻し前
撚り戻し後

経糸S撚り×緯糸S撚り3段Z撚り3段（やや打ち込み粗に）

ジュート麻とウール強撚。撚り戻しサンプル

ウール強撚、撚り戻し縮絨（参照 p.112）

ジュート麻　下の濃茶部は強撚糸。撚り戻ししていないが自然なうねりがある

織／基礎・実技・プレゼンテーション

● 糸染

下準備、精錬、染と工程を3つに分けることができる。ウール・シルクと綿・麻・レーヨンでは精錬と染の工程に違いがある。ウールは全工程においてフェルト化しやすいので、強く揉んだり、急激な温度差を与えないように注意する。

1 下準備

糸のかせをビニールテープで、数箇所ゆるめに結ぶ。

2 精錬

○ウール・シルク

❶糸量の3～6％の中性洗剤をぬるま湯でよく溶かし、火にかけたタンクの水に入れよく撹拌する。
❷40℃～60℃位の洗浄液で30分程度煮洗い。煮沸させない。
❸自然冷却後、ぬるま湯で洗う。脱水後、日陰干し。

○綿・麻・レーヨン

❶糸量に対してノイゲンSS1％、苛性ソーダ3％を量り、火にかけたタンクの水に入れ、よく撹拌する。
❷90℃になったら糸を入れ、30分煮洗い。
❸一度落ちた糊の成分や汚れが再び付着しないように、糸をぬるま湯に入れ変え、自然冷却したあと水洗いし、乾燥。

洗浄液で煮洗い。ウール類は40℃～60℃。綿等は90℃から。

ウール類はそのまま自然冷却。綿等はぬるま湯に移し自然冷却。

3 染

○ウール・シルク

❶糸の重さを量った後、糸をぬるま湯に浸けておく。
❷タンクに水を入れ火にかける。30℃程度まであたためる。
❸酸性染料を量り、ボールに入れてお湯でよく溶かす。
❹30℃程度の染液に糸を入れ、15分間、50～60℃まで上下運動をさせながらまんべんなく染める。
❺糸をいったん引き上げ、酢酸（淡色1％、中色2％、濃色3％）を加えよく撹拌し、糸を戻してさらに染める。淡色ムラ防止剤（アミタジンL-33）を0.5～2cc／ℓを入れても効果的。
❻糸が染料分をすべて吸い取って、染液が透明になるまで染める。染液の温度は80℃以上にはしないこと。いったん火を止め温度を下げると吸着がよくなる。染まり具合を見ながら酢酸を追加。
❼染着後、染液が冷めたら、同温程度の湯で洗う。揉まない。
❽ウールの場合は定着剤のアシッドフィックス5cc／ℓ、シルク糸の場合はシルクフィックス3A 5～20g／ℓを40～60℃の湯に溶かした定着液に15～20分浸ける。すすぎ、脱水後、日陰干し。

○綿・麻・レーヨン

ウールに準ずるが、シリアス染料は染液を加熱沸騰させること。濃色の染まりが悪い場合はいったん火を止め60℃以下の染液に浸けておくと効果的。定着は、常温の水にモーリンフィックス3PNを入れる。

　プロシオンM染料は常温で染め、加熱しない。水で溶いた染料と芒硝（ぼうしょう）を入れた染液に30分漬け、布を引き上げたあとの染液に、水で溶いたソーダ灰を入れ、布を戻してさらに30～60分。定着は、常温の水にタナフィックスを入れる。

シリアス染料（綿・麻など植物繊維、レーヨンに適す）
加熱により染まり手軽。濃色向き。

	淡色	中淡色	中濃色	濃色
染料	1％	2	3	6
ソーダ灰	2％	1	0.5	×
芒硝	10％	10	20	20
液量（＝溶比）	30倍	25	25	15～20

プロシオンM染料（綿・麻など植物繊維）
淡色向き。濃い色には向かない。

	淡色	中色	濃色
染料	1％以下	2％	5％前後
ソーダ灰	5g／ℓ（5％以上の濃色は10g／ℓ）		
芒硝	10～50g／ℓ（淡色は少なめに）		
液量（＝溶比）	20～40倍		

酸性染料（ウール・絹等の動物繊維）

	淡色	中色	濃色
染料	1％以下	1～3	3～8
酢酸	1％	2	3
液量（＝溶比）	40倍	35倍	30倍

※ ％は糸や布の重さに対して

3-4

組織演習

鈴木純子

●組織と素材効果

織組織と素材によるテクスチャー効果を研究する。基本的な経糸の通し方と、自分で考えた応用の部分を比べて組織効果の違いを知ろう。また、織り上がった布を約90%に縮絨し、縮絨前後の組織と、素材による縮絨率と風合いの違いを確認する。

サンプルの織巾の変化を見るとわかるように、縮絨率は組織と素材によって異なる。たとえば二重織部分では、織長10cmのものが、縮絨後は表9.5cm、裏8cmとなった。写真は実際の縮絨率サイズで撮影した。その違いを参考に以下の手順で作業を進めよう。

○綜絖の通し方：8枚綜絖で考える。
○Aは順通し。Bは山道通し。AとBは基本の通し方。Cの応用は、6.5cmの織巾分の糸40本を自由に考える。
○リピートする、しないは自由だが、1〜8までの綜絖を均等な間隔で、すべて使用したほうがいいだろう。

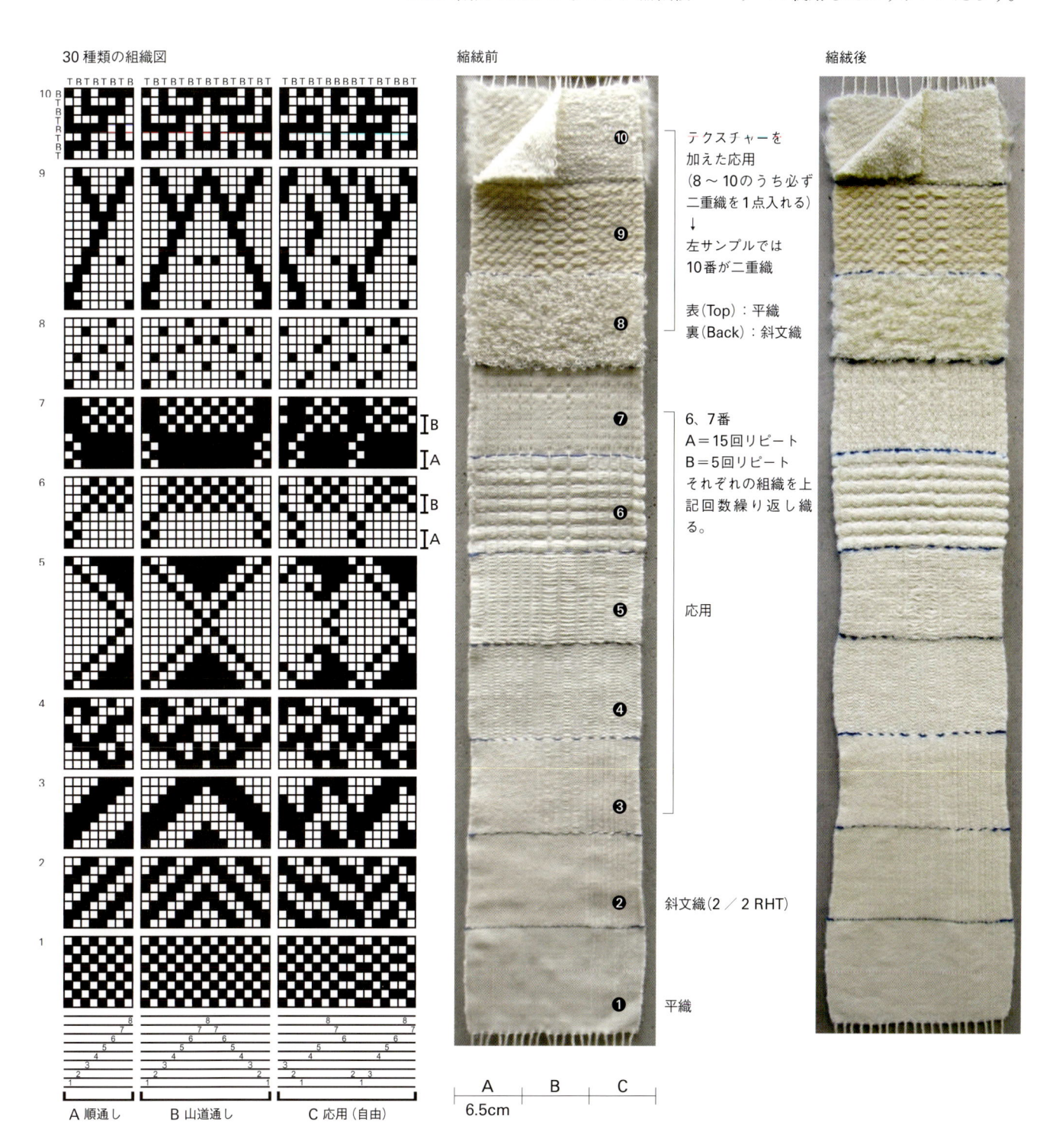

30種類の組織図

A 順通し　B 山道通し　C 応用（自由）

縮絨前

⑩ テクスチャーを加えた応用
（8〜10のうち必ず二重織を1点入れる）
↓
左サンプルでは10番が二重織

表(Top)：平織
裏(Back)：斜文織

⑨
⑧

⑦ 6、7番
A＝15回リピート
B＝5回リピート
それぞれの組織を上記回数繰り返し織る。

⑥
⑤ 応用
④
③
② 斜文織（2／2 RHT）
① 平織

A　B　C
6.5cm

縮絨後

織／基礎・実技・プレゼンテーション　65

前ページサンプルのC応用ではリピートさせている。

○30種類すべて組織図を書く。

○各部分の経糸緯糸の縮絨前と後の密度の変化を調べる。

○織巾20cm分の120本180cmを整経する。筬目は6本／cmで、織機に掛けて織る。

○素材：経糸は梳毛糸2／10。緯糸・❶〜❼は梳毛糸2／10指定。❽〜❿はウール素材無着色で自由に選択。各10cm織る。

●色彩効果の研究

実際に、織による並置混色での色彩効果を考えよう。色相に関する調和配色の他に、複数色による混色部分では、色彩の面積比やセパレーション効果を意識しながら制作するとよい。

○A、Bの基本となる経糸の色を2色選択する。有彩色を選び、補色は避けること。

○経糸整経長200cm　数80本（A40本、B40本）、筬目5／cmで、綜絖は順通しにする。

○素材は、経糸・緯糸ともに、ウールを使用。

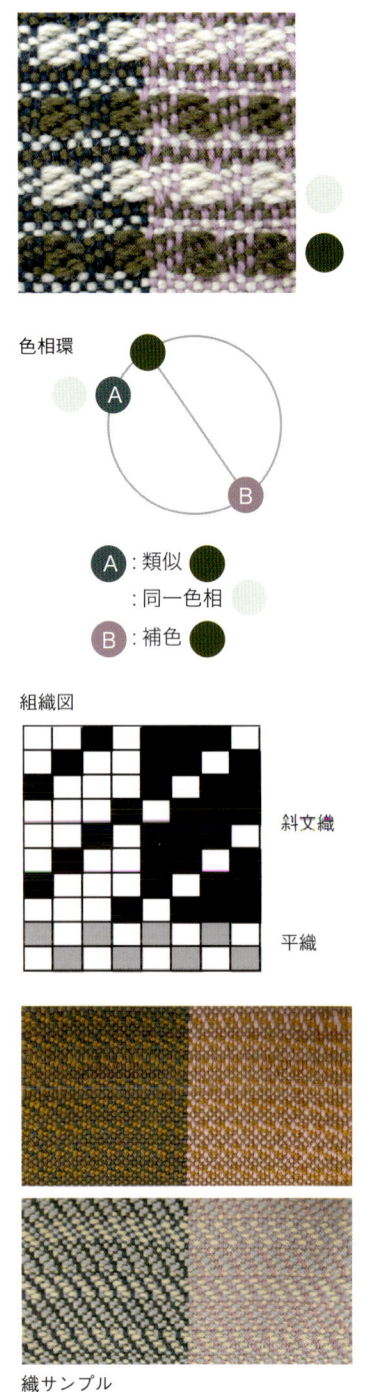

○15種類（各8cm）織ること。❶〜❿までの緯糸は、それぞれABに対して指定の色を色相環から考える。そのうち⓫〜⓯は複数色（無彩色の混色でもよい）で織り、それぞれの色の色相環での位置関係を下記の例のように記録する。

色相環

A：類似
：同一色相
B：補色

組織図

斜文織

平織

織サンプル

3-5
●
テクスチャーとサーフェイス研究

鈴木純子

自然物および人工物を観察してテキスタイルへの展開を研究する。地面、壁、瓦、樹などの身近な風景のなかに素材を見つけてイメージ写真を50点用意し、その中から6種類の画像を選び、無彩色に表現し、さらに有彩色で表現する。それをイラストボードに貼り、これらの題材のイメージをテキスタイルの表現に展開しよう。

1　イメージ写真となる画像を、デジタルカメラで撮影後、パソコンに取り込み50種類を選択する。
2　50種類の画像から6種類の画像を選択。
3　無彩色で表現する。サイズは25×25cm。ペン画、鉛筆画、ポスターカラーなどは自由に選択
4　3の無彩色画像を有彩色表現に展開する。サイズは25×25cm。

●イメージを織表現へ展開
50種類の画像の題材をイメージに、実際の織表現への展開を試みよう。条件は以下のとおり。
○経糸：ラミー16／3。整経：5m×120本。筬目：6／cm。
○20×20cmの織を15枚織る。
○15枚のうち、①は平織試作。②は斜文織試作。①②は、緯糸もラミー16／3を使用する。
○③〜⑮は画像からのイメージを、視覚と同時に触覚でも表現できるよう、繊維素材で制作する。また、そのうち3点の作品に、200字程度でコメントを明記すること。こうすることで、イメージ展開の過程や自分が何をどう表現しようとしていたのかが、より明快なものとなる。

●織によるテクスチャー研究
50枚の画像から13枚選択する。素材は、基本的に繊維素材とするが自由である。

1　選択したイメージ画像を正方形にトリミングする。トリミングした画像を20×20cmで出力し、ボードに貼り付ける。
2　イメージの質感や表情をよく観察し、素材と織技法を考える。
3　織上がった状態の作品を、それぞれ切り分けてボードに写真とともに貼り、まとめる（参照 p.70）。

イラストボード B2

実際の織風景　2006

50種類のイメージ画像

68　織／基礎・実技・プレゼンテーション

イメージ画像（上）を織で表現する

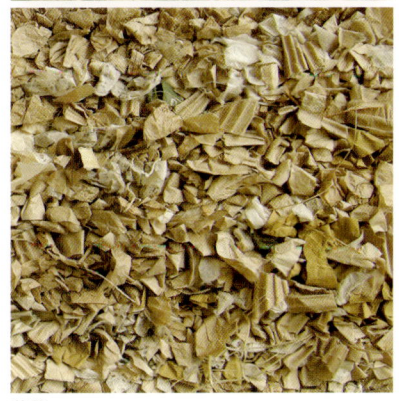

落葉
意図：実際に織られたものをさわると、落葉の上を歩いた時のガサガサという音がする。
素材：茶紙の袋、段ボール、和紙、竹の皮、苧麻（ちょま）
技法：オリジナル

フェンスの影
意図：人工物が作り出した線、フェンスの影からオリジナル組織を考える。
素材：ウール（多色紡糸）
技法：オリジナル

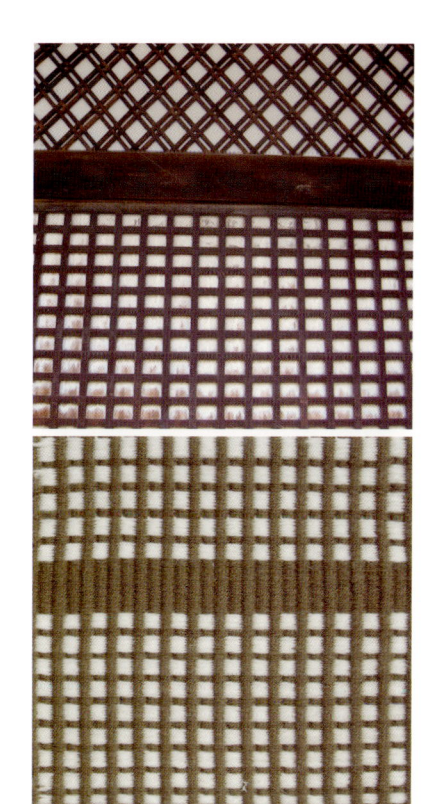

格子
意図：格子文様をシンプルに綴れ織で表す。
素材：ウール
技法：綴れ織
制作：吉田裕美

茅葺き屋根
意図：屋根の美しさを素直に織に置き換える。
素材：ラフィア
技法：ノッティング

瓦
意図：固い素材リネンでループを連続させ、凹凸のある縞文様で連続した丸い瓦を表現。
素材：リネン
技法：ルーピング（Looping）
制作：吉田裕美

屋根に結ばれたおみくじ
意図：小さな屋根に結ばれた溢れんばかりのおみくじのボリュームをノッティングで表現。
素材：リネン、綿テープ
技法：ノッティング

織／基礎・実技・プレゼンテーション

地面
意図：冬の朝、乾燥した公園の地面に残るほうきの跡。地面の色と新聞紙の色と表情が似ていたので、新聞紙の紙縒り糸を作って朱子織にし、表により多く新聞紙が見えるような組織にした。
素材：新聞紙
技法：8枚緯朱子

樹皮
意図：樹皮の凹凸を表現するために、紡いだスラブ状の糸を層状に織り込む。
素材：手紡ウール糸、苧麻（ちょま）
技法：綴れ織、スマック

樹根
意図：樹根の持つ力強さと生命力に注目。根と根が交錯する様子を経糸に、多種の素材を巻きつけたラッピングによる効果を生かす。
素材：ラフィア、リネン、苧麻、ウール、他
技法：ラッピング（コイリング）
制作：森田緑

板壁
意図：ゴツゴツとした凹凸は、織目から余分に緯糸（紙）を出して潰し、板壁と似たテクスチャーを再現。トレーシングペーパーと藁半紙は同じ墨汁を塗っても光沢が異なる。
素材：墨汁で彩色したトレーシングペーパーと藁半紙
技法：ループ織の応用、8枚緯朱子
制作：吉田裕美

R2 イラストボードに貼付　　制作：森田緑

70　織／基礎・実技・プレゼンテーション

3-6

**プレゼンテーション１
椅子張クロス**

インテリア
ファブリックの研究

岡本直枝

インテリアファブリックの研究として椅子張クロスを選び、デザイン→織実習→デザイン提案を行う。

まずアイテムを選び、デザインのプロセスを踏まえたリサーチ→コンセプト立案→製織を通して、インテリアファブリックの構造・色彩・テクスチャーなどを理解し、魅力的なファブリックの制作を試みる。また、作るだけではなく、そのファブリックが日常の中で使われた時、空間や人にどういう効果を及ぼすのかを創造し提案することが大きなポイントとなる。

● **アイテム選定**

椅子は単独で存在するのではなく、様々な日常の空間にあって、人とともに各々の役割に応じた姿をしている。したがってアイテムを選ぶにあたり、椅子単独で選ぶのではなく、椅子のある日常の中で、ふと気にかかった情景や、こうであったらよいのにという情景を考えてみよう。その中から提案したいテーマや、提案したいアイテムを見い出すことができる。下記の椅子張クロスの中から提案するアイテムを選ぶ。

○ソファ：リビング、パブリックスペース等

○チェア：ダイニング、書斎、店舗、パブリックスペース等。

○シート：自動車、電車、バス、飛行機、トランスポート等。

ソファとチェア。暮らしの中のファブリック

デザイン：ジャック・レナー・ラーセン

チェア。オフィス空間のファブリック（クリエイティブボックス）

自動車のシートのファブリック・アイスブルー（日産自動車マーチ・シグネチャー）

織サンプルとそれぞれのイメージ

「凸凹した」 　「華奢な」 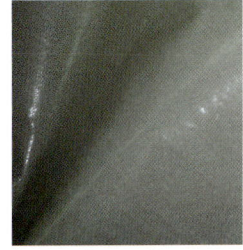　「ヌメリ感のある」 　「マットな」 　「暖かな」（5点とも制作：森傳）

織／基礎・実技・プレゼンテーション

参考アイテム・イメージスケール　川又志津 　　　参考アイテム・イメージスケール　田辺明子 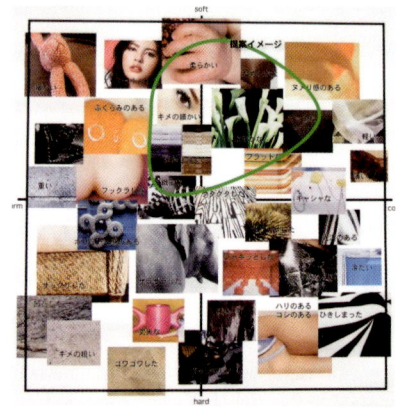　　　テクスチャー・イメージスケール　川又志津

テクスチャー・イメージ一覧　川又志津

●リサーチ

布の意匠は、色彩、パターン、テクスチャーという3つの要素からなる。ここでは特にテクスチャーに注目し、織実習を通して研究し、理解を深め、その成果を表現に結びつけよう。

　まずテクスチャーについてのイメージを膨らませるために次の2種類のリサーチ資料を制作する。その中で、提案する方向がスケール上のどのあたりなのか明らかにする。いずれもB3サイズで制作。

テクスチャー・イメージ一覧

言葉（形容詞）とテクスチャー（実際の布地サンプルやイメージ写真）を連動させること。B3サイズ。

テクスチャー・イメージスケール、参考アイテム・イメージスケール

ハード／ソフトを横軸に、ウォーム／クールを縦軸にスケールを作成し、テクスチャー・イメージ一覧で選んだ写真などをスケール上に配置する。また、提案にあたって参考になるアイテムを選び、スケール上に配置した参考アイテム・イメージスケールも作成する。B3サイズ。

●コンセプトを立案する

ヴィジュアルと文章で、何を提案するか明らかにする。

イメージコラージュ

提案するイメージをコラージュする。B3サイズ。

レポート

下記の項目に順じて作成し、デザインのコンセプトを明らかにする。
○アイテムは何か。
○使用が想定される場所・人・状況、機能・目的等を明確にする。
○椅子がどのようなイメージを持ち、どのような魅力、効果をもたらすか。
○上記の条件を表すために、色、織柄、テクスチャーをどうするか。

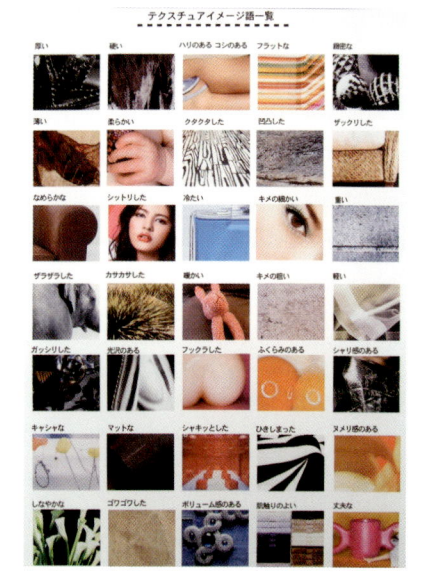

イメージコラージュ　川又志津 　　　イメージコラージュ　本田朋香 　　　イメージコラージュ　松平裕美子

72　織／基礎・実技・プレゼンテーション

● 製織

テクスチャーサンプルAと提案サンプルBを製織する。

　テクスチャーサンプルAでは、密度、素材、組織、糸の太さ、後加工などによって表れる様々なテクスチャーを確認する。また織組織への理解を深め、表現したいイメージに沿った組織を考える。

　提案サンプルBではコンセプトに則っていくつかのイメージ写真を探し、そこに見い出すイメージをスケッチに描いて織サンプルに表現する。この織サンプルから提案サンプルを見い出し、提案に繋げる。2つのサンプルのサイズと経糸は下記のように設定する。

● テクスチャーサンプルAと提案サンプルBの織上りサイズ

○長さ：62cm（10cm×6コマ＋織出し・織上がり2cm）
○巾：20cm（ウール・順通し10cm＋綿・山道通し10cm）
○経密度5本／cm

○整経：150cm（やや余分を見ている）。
○本数：ウール・50本（10cm×5本）、綿・50本（10cm×5本）。
○素材：サンプルA（テクスチャーサンプル）指定ウールおよび綿を使用。サンプルB（提案サンプル）は指定ウールか綿を使用。
○色：自由。配色の基本を踏まえること。

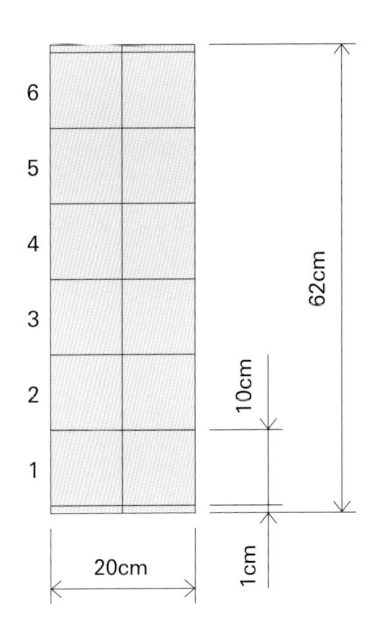

● サンプルの内容

サンプルA・テクスチャーサンプル
※経緯糸とも指定のウール糸、綿糸を使用する。

	経糸		緯糸	
	ウール1本 順通し	綿1本 山道通し	素材 / 組織	糸の本数 / 緯密度
6 素材コンビ			複数 / 自由	自由 / 自由
5 強撚糸			綿 / 展開組織	強撚糸 / 粗に
4 起毛・たたき			左ウール・右綿 / 展開組織	各1〜2本 / 標準
3 縮絨			ウール / 展開組織	複数 / 粗に
2 打ち込みと素材			綿 / 2/2RHT	1本 / やや密に
1 標準平織			ウール / 平織	1本 / 標準

サンプルB・提案サンプル
※経糸は指定の糸、綿糸を使用する。緯糸は自由。

	経糸	
	ウールか綿 順通し	ウールか綿 順通し以外
6 提案試織		
5 提案試織		
4 提案試織		
3 提案試織		
2 提案試織		
1 提案試織		

サンプル A・テクスチャーサンプル

経糸ウール		経糸棉	
加工前	加工後	加工前	加工後

1　標準平織：ウール1本取り。経・緯同密度程度の打ち込み。右サンプルは縮絨をかけている。

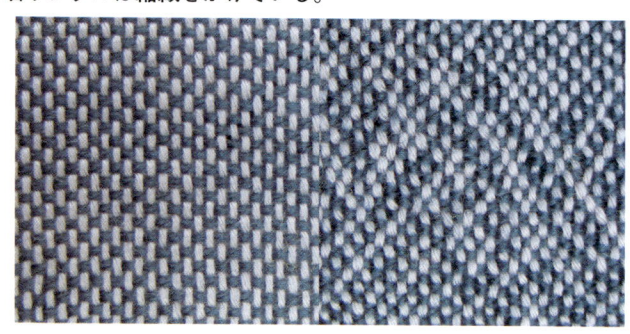

2　1の組織違い、素材違い：綿1本取り。2/2RHT。やや密に。右サンプルは縮絨をかけている。
　　1に比べ、組織や素材の違いによって見栄え、テクスチャーなどが異なることを確認する。

3　縮絨：ウール複数本をやや疎に。組織は1/3RHT、2/2RHT、または3/1RHTをベースに組織展開する。
　　縮絨によるテクスチャーやカラーミックスの効果を確認する。縮絨加工の技法については用語解説参照

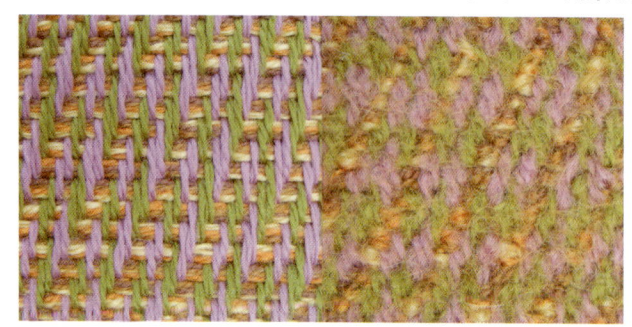

4　起毛・たたき：ウール、綿、各々1、2本取り。展開組織。起毛と除毛、たたき前後の見栄え、テクスチャーの違いを確認する。
　　起毛：ウールの上半分に均等にブラシをかける（ウール加工後写真❷）。
　　除毛：ウールの下半分の表面を苛性ソーダ溶液で溶かす。焼き切ってもよい（ウール加工後写真❶）。
　　たたき：右綿部分の半分を木槌（きづち）でまんべんなくつぶす。

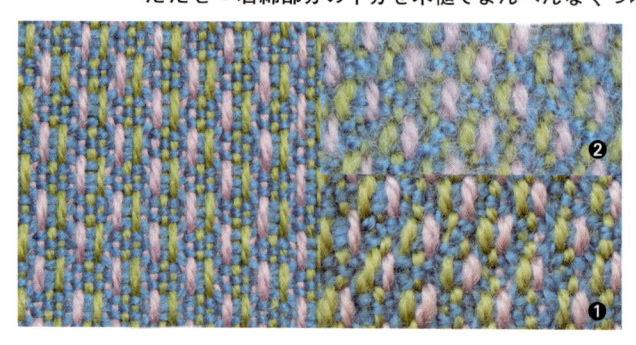

経糸ウール		経糸棉	
加工前	加工後	加工前	加工後

5　強撚糸：組織は自由。S撚り糸、Z撚り糸を交互に織る。展開組織。密度はやや粗にし、撚り戻し加工として中温の湯にしばらく浸した後、よく揉む。強撚糸の効果を確認する。

6　素材のコンビネーション　ウールと綿、その他の素材をコンビネーションで使い、効果を確認。

7　二重織とピックアップ　二重織とピックアップの基本動作を理解する。

← ピックアップ部分
← 二重織部分

●仕上げと加工

布はほとんどの場合、織上ったままではなく、仕上げや様々な加工を行う。ここでは還元的仕上げ、積極的恒久的加工、その他の加工のそれぞれについて一部紹介する。

還元的仕上げ

様々な工程の中で失ったものを与え、仕上げること。
○糊づけ：精練で落ちた糊を還元する。
○巾だし：巾を整える。
○カレンダー：ローラーでプレスし光沢を与える。

積極的恒久的加工

見栄えや機能などについて、付加的な加工を加えること。
○防水加工、防燃加工、抗菌加工、防縮加工等
○樹脂加工、シルケット加工、起毛等

その他の加工

○縮み加工：部分的に樹脂などで捺染し、苛性ソーダ、硫酸処理で縮み加工する。
○オパール加工：性質の異なる複数の原料を使った布を使用。たとえば合繊と人絹の場合、酸化糊を捺染し、蒸熱、水洗いすると酸で人絹が溶けて文様になる。
○電着加工：生地に接着剤を捺染し、静電気の力で微粉(フロック)を接着する。

織／基礎・実技・プレゼンテーション

サンプルB・提案サンプル

自分のデザインコンセプトに則って、いくつかイメージ写真を撮ろう。そこに見い出すイメージをスケッチに描き、それを織サンプルに表現する。以下にいくつかの例を写真→スケッチ→織サンプルの組み合わせで紹介する。その中から提案サンプルを見い出そう。

1 「草の葉の波」を表現。

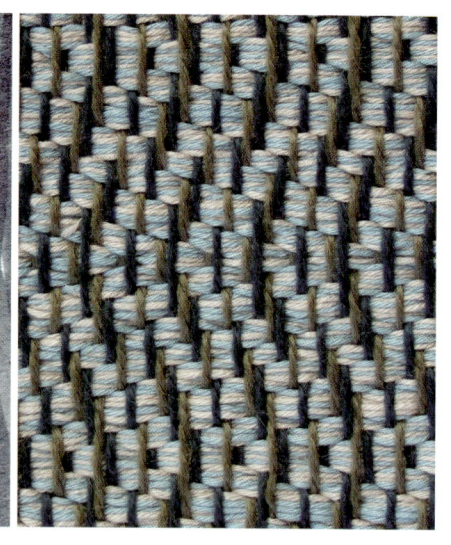

2 「波紋」水面の波紋をテープ糸と斜文織変形で表現。

3 「管」管が並んでいる様子を二重織で表現。

4 「内と外」段ボールの内と外を強撚糸とピックアップ技法で表現。

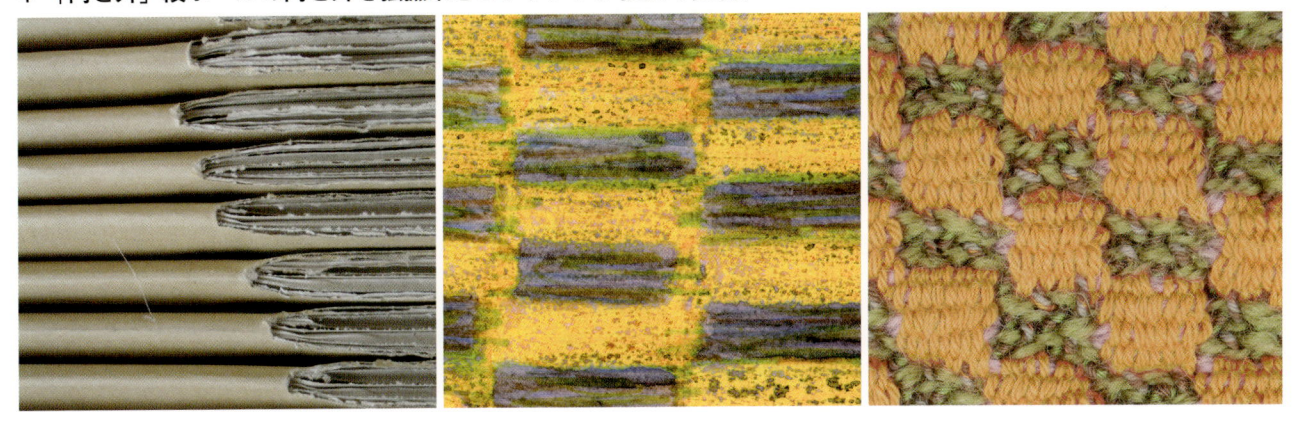

5 「硬い木肌」ウールスラブ糸と縮絨加工で表現。

6 「ネット」フェンスをめがね織変形で表現。

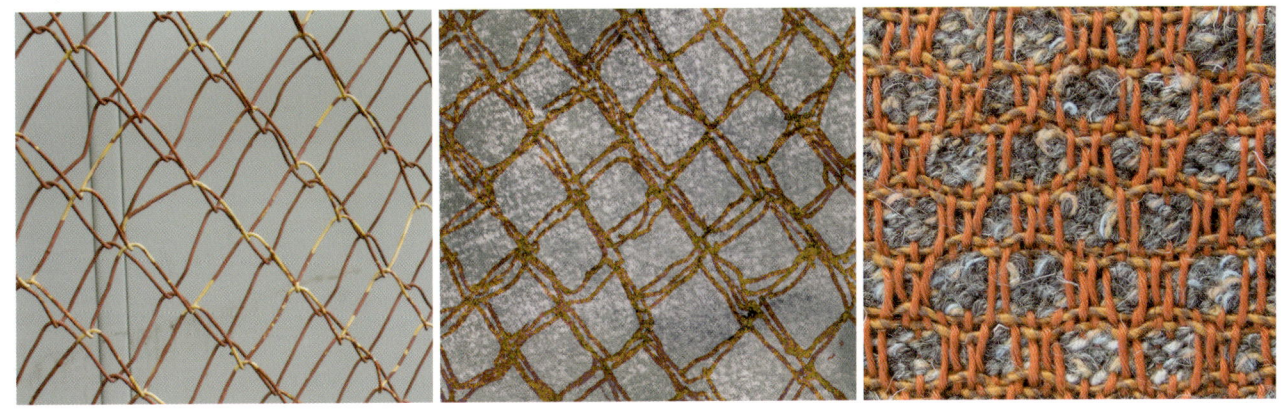

7 「岩壁」石作りの壁の凸凹をピックアップ技法と縮絨加工で表現。

織／基礎・実技・プレゼンテーション

●**サンプルのまとめ方**
テクスチャーサンプル、提案サンプルは下の写真のように、組織図、サンプルの課題、糸サンプルなどをつけてまとめる。

●**デザインの提案**
サンプルの中から提案サンプルを1点選び、下記のものをパネル化し、プレゼンテーションを行う。
○テクスチャー・イメージ一覧
○テクスチャー・イメージスケールと参考アイテム・イメージスケール
○イメージコラージュ
○レポート
○テクスチャーサンプル一覧
○ペーパープランおよび彩度ヴァリエーション、カラーヴァリエーション

○インテリア使用想定図（シミュレーション前・後）

提案・オフィスチェア『発想するgreen』　川又志津

○コンセプト：リフレッシュ効果のあるgreenで、発想を豊かにするアグレッシヴなチェアファブリックを提案する。

○色：greenを中心に展開するが、実は多色使いで楽しさを表現する。

○柄：引き締まったストライプ。

○テクスチャー：柔らかく、涼しげなテクスチャー。

イメージ写真

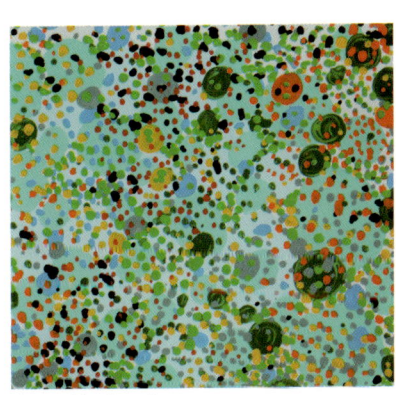

イメージスケッチ

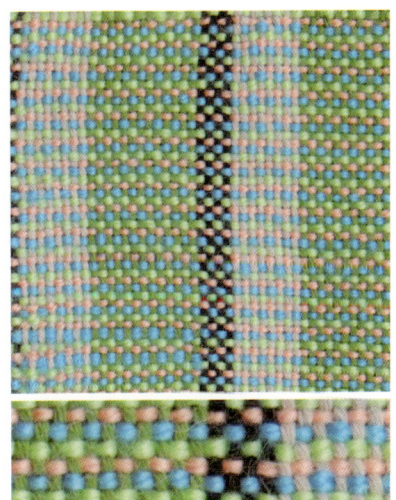

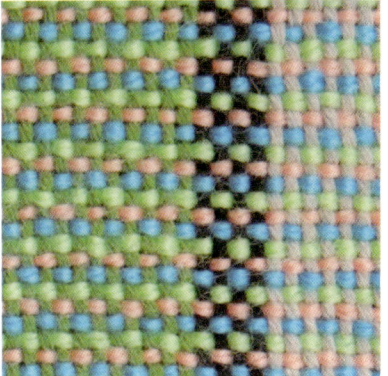

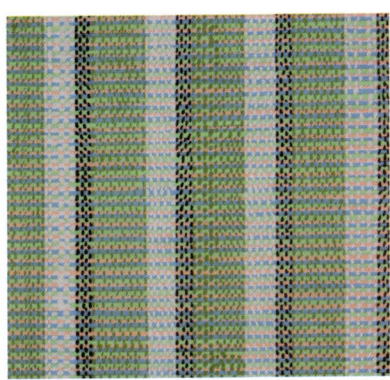

ペーパープラン。選択したサンプルから、提案デザインのペーパープランを制作する。（20×20cm）

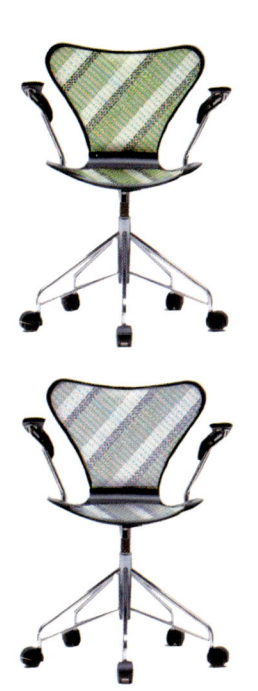

織サンプル

チェア　グリーンとグレー

想定図（前・後）

織／基礎・実技・プレゼンテーション　79

| 作品紹介 | 岡本直枝 |

「風景のためのミニアチュール群」2001　W200×D200cm
素材：ウール、麻、鉛、鉄、紙、コンクリート他

「黒の風景」2005　W200×H160cm　素材：ウール、シルク、麻

「歩歩」2006　W14×H150×D7cm　素材：ウール、綿、アルミ

「home Ⅳ、Ⅴ」2002
Ⅳ・W70×H150×D70cm、Ⅴ・W70×H170×D70cm　素材：ウール、発泡ウレタン

「赤の風景」2005　W220×D220cm　素材：ウール、シルク

「海の生き物」1998
W80×H170×D50cm
素材：ウール、綿、ポリエステル

3-7

プレゼンテーション2
タペストリー

格子のタペストリーを織る

大澤由夏 + 下村好子

格子を題材にしたタペストリーを制作するにあたり、イメージを形にするための過程、色彩計画、空間設定などのデザインプランニングを学び、織実習を通してタペストリーの作業工程を理解しよう。さらに、それらの過程をわかりやすくプレゼンテーションにまとめる手法を紹介する。

この章では、「装飾性のないシンプルなデザイン構成でタペストリーを仕上げる」ことをテーマに作業を進める。

制作するタペストリーのサイズは、W60 × H120cm。寸法は仕上がり見込みサイズである。

● ストライプとチェック

ストライプ(Stripe)とチェック(Check)は、もっとも多く使われ好まれている基本的な文様である。構成は単純であるが、線の巾の変化、配列、色彩によって様々なデザインが生まれる。

比較的縦ストライプが多いのは視覚的心理と製織技術によるが、経糸の配列による変化のほうが緯糸で行うよりまとまりやすいためでもある。ストライプをデザインする場合、面の分割によって構成されるセパレーション効果を考えなければならない。ストライプの魅力は、歯切れのよい線の構成と色彩の組み合わせであり、織物だけでなくプリント、刺しゅう、編物のデザインにも広く使われる。

● 基本的なストライプ

等幅・等間隔 (Roman Stripe)
もっとも安定したストライプ。対立的な色彩の組み合わせが多い。

ヘアーライン (Straie/Fine Random Stripe)
ランダムな線で構成されている。ハンドスパン糸(手紡糸)による織物で葉脈や木肌のようなストライプ。

合成 (Composite Stripe)
ローマンとランダムストライプの組み合わせで、通常2〜3色の色彩で構成されている。

ネガ・ポジ (Composite Stripe/ Positive-Negative Repeat)
合成の種類に入るが、図形が写真のネガ・ポジの関係で構成される。

グラデーション (Ombre Stripe)
織物の場合は、経糸2色で構成される。

ピン／チョーク (Pin Stripe/Chalk Stripe)
細い線で表現され、巾の広い部分との対比を強調する。

● 代表的なチェック

市松格子 (Checkered Boad)
縦・横ともマスが交互に色違いになっている。

破れ格子 (Broken Checkered)
格子が完全でなく、とぎれとぎれである。

弁慶格子 (Big Line Checkered B)
縦・横とも同じ巾で表した平格子。

二筋格子 (Double Line Checkered)
2本の線が並んだ格子。

子持ち格子 (Checkered Alternating with Narrow Lines)
太い線の横に細い線が並んでいる格子。

ストライプを題材にした織

格子を題材にしたタペストリー 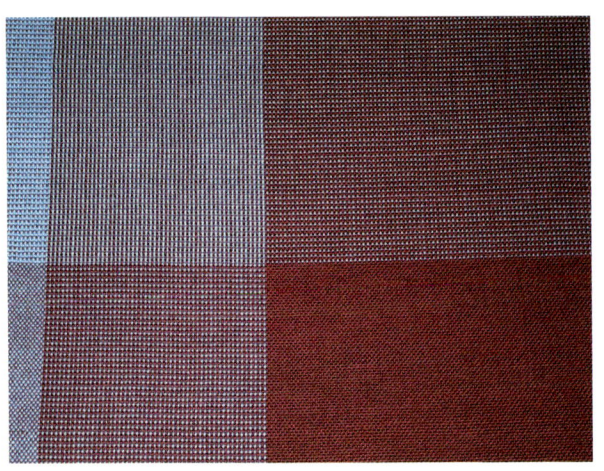　　　　格子を題材にしたタペストリー

イメージコラージュ　制作：大見幸織

重ね格子 (Over Checkered)
ひとつの格子の上に、さらに別の格子が重なっている。

網代格子（あじろ） (Basket Checkered)
市松の種類に入る、かごの編目のようなチェック。

グレンチェック (Glen Checkered)
細い線が束になって、さらに大きな格子を構成する。

タータンチェック (Tartan Checkered)
線、色とも変化の大きいオーバーチェック。

シェファードチェック (Shepherd Checkered)
弁慶格子の一種。斜文織の線巾7〜8mmの黒白格子。

設定空間へのシミュレーション1

● **イメージコラージュの作成**
制作の手がかりとなるイメージを形にするために、まずイメージスケールを作ろう。それを参考に、自分のイメージを表す言葉（形容詞）を選び分析し、それを手がかりにイメージコラージュを作成する。制作の手がかりとなるイメージを形にしていくステップとなる。イメージコラージュはB3サイズで作成する（参照p.72）。

設定空間へのシミュレーション2　　　設定空間へのシミュレーション3

● **空間設定**
イメージコラージュをもとにタペストリーを掛ける空間を設定し、さら

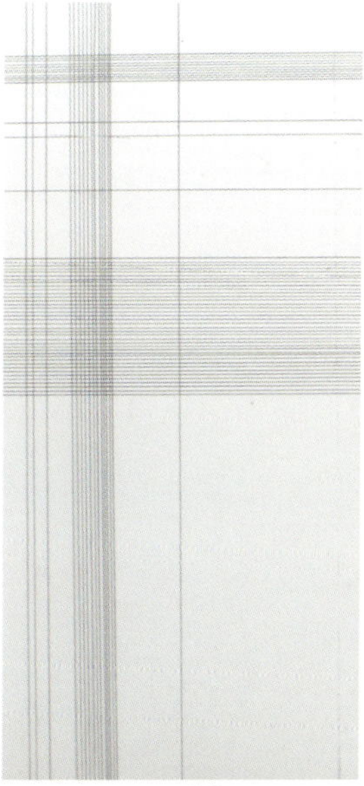

基本格子・分割構成　　　無彩色　　　有彩色

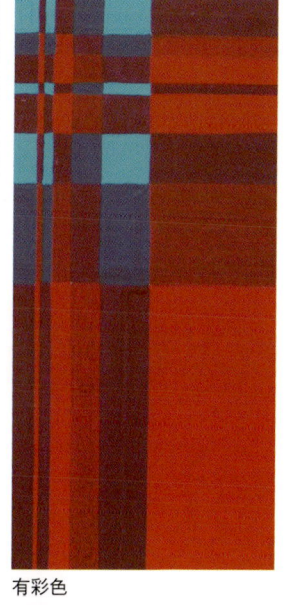

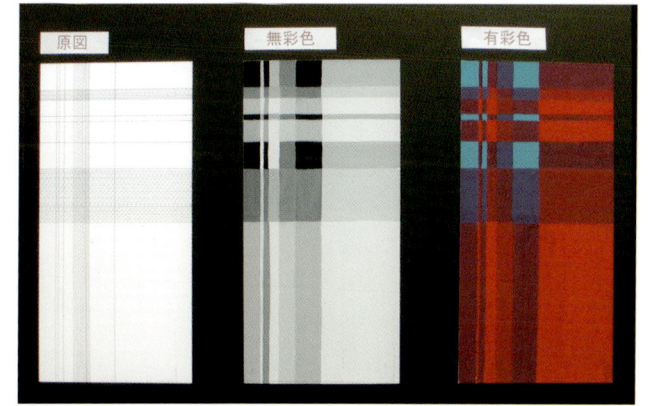

黒バックの基本格子・分割構成

黒バックの彩度変化　　　　　　　　　　　制作：大見幸織

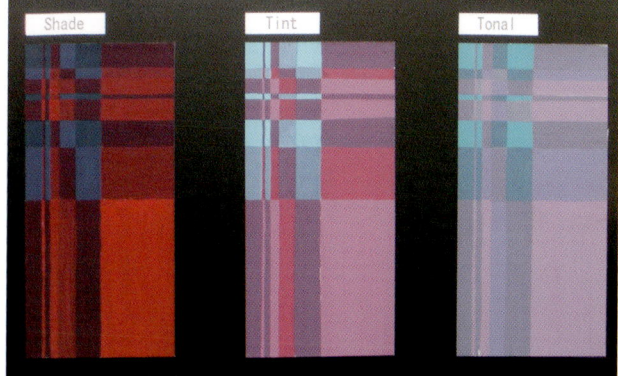

Shade　　　Tint　　　Tonal

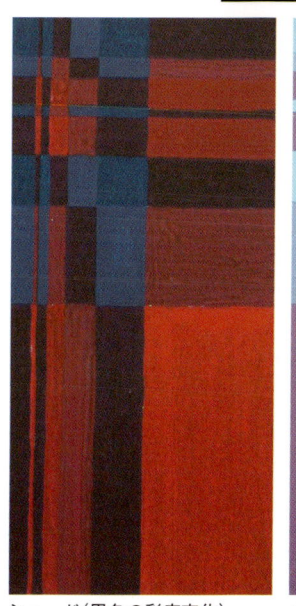

シェード（黒色の彩度変化）　チント（白色の彩度変化）　トーナル（灰色の彩度変化）

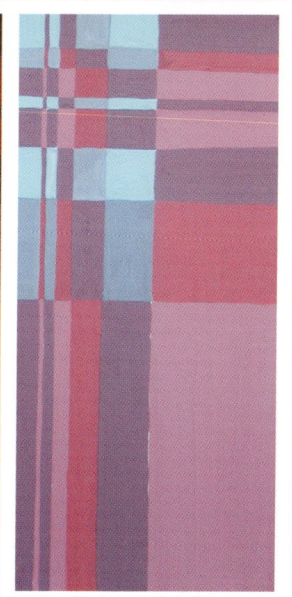

●色彩プラン

1　格子デザインプランの基本格子・分割構成を、ポスターカラーを使って無彩色に変換する。1枚。サイズは同じ。

2　無彩色プランをもとに有彩色に着色したものを1枚作る。サイズは同じ。実際に織布に使用する色糸2色（ウール）を選び、その2色をポスターカラーで色出しをして色を決める。経糸・緯糸含めて2色で、白・黒以外から選ぶこと。

3　有彩色プランを彩度変化したものを3枚作る。サイズはすべて同じ。彩度変化は、シェード、チント、トーナルの3パターンを作成。

に色彩プランを設定した空間にシミュレーションする。

設定空間は、たとえば雑誌などに載っている室内写真の中から自分のイメージに合ったものを選び、パソコン上に再現する。シミュレーションボードはB3サイズ（参照p.72）。

●格子デザインプラン

イメージコラージュでつかんだ制作のイメージと、タペストリーを掛ける空間の設定を踏まえ、基本格子・分割構成を考えよう。基本格子・分割構成のサイズはW12×H24cmのものを1枚。織布の仕上がりサイズの1/5縮小となる。

織／基礎・実技・プレゼンテーション

●織デザインのペーパープラン

格子デザインプランをもとに、実際にタペストリーを織るためのペーパープランを作る。条件は次のとおり。

○織布の組織：平織（4枚綜絖）
○織布の素材：ウール 2/5
○織布のサイズ：W60 × H120 cm（仕上がり見込みサイズ）
○織布上下の処理：三つ折り処理（上下に棒を入れて展示をするため）
○織上げ巾（経糸の通し巾）は織縮み分も含めた寸法とするため、W64cm（仕上がり見込み寸法に4cmプラス）とする。
○織上げ長さは織縮み分を考慮して6cmプラスする。
○具体的な経糸本数を割り出す。経糸密度は5本/cmとするため、細いストライプは本数がうまくあてはまるように調整をする。
○経糸・緯糸の配列と配色を考え、織布全体のデザインを検討。使用するウール糸は経・緯を含めて2色を白・黒以外から選択する。

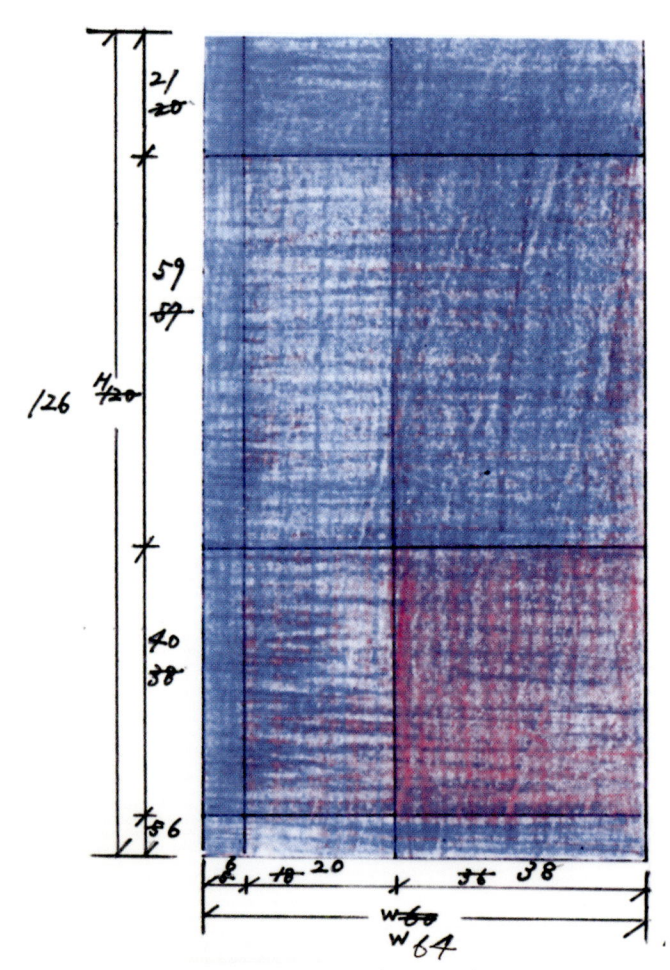

縮み分を加えた織上げ巾と織上げ長さ

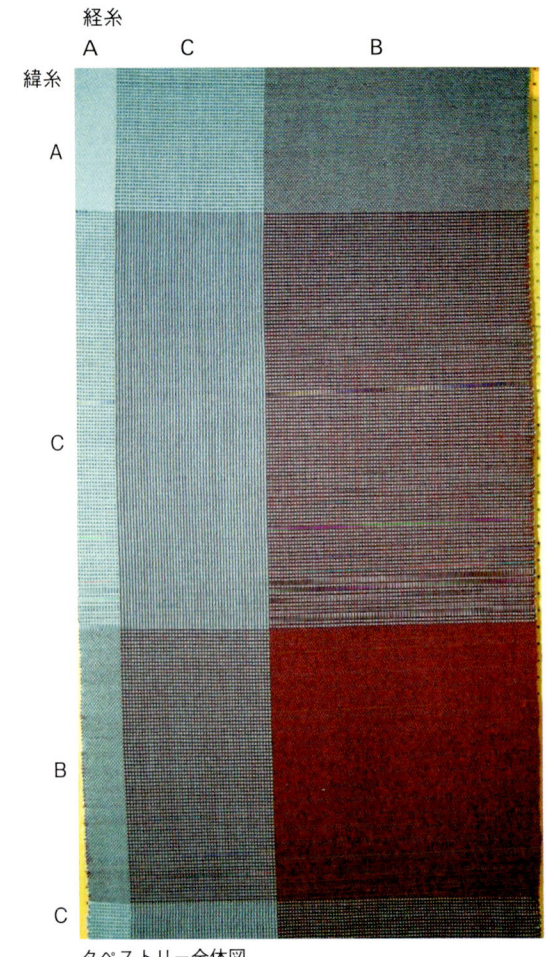

●格子の色数

右写真のタペストリーを参考に格子の色数を分析しよう。経糸・緯糸に2種の色糸を使用した時の色数を確認する。格子の配色、表れはすべての色の調和を考えデザインすることが大切である。

○使用する糸の配色は　A：水色
　　　　　　　　　　B：パープル
　　　　　　　　　　C：A水色とBパープルのミックス

経糸 緯糸	A色	C色	B色
A色	AA	CA	BA
C色	AC	CC	BC
B色	AB	CB	BB
C色	AC	CC	BC

格子の色数表

A色
B色
C色
AB色
AC色
BC色
――――
合計　6色

タペストリー全体図

●2種類の色糸を使用する場合の色味とデザイン効果

格子を題材にしたタペストリーのデザインを考える場合、経糸・緯糸の配列と配色による柄の表われ方に注意が行きがちだが、2種の色糸を使った場合の色味とデザイン効果も大切である。2色のミックス効果をひとつの色として捉え、すべての色の調和を考えた全体的なデザインのバランスを見落とさないようにしよう。

2種の色糸を使用し、経糸と緯糸の配列と配色を工夫すると様々な織柄を作り出すことができ、今後の織物設計の参考になるだろう。2色以上のコントラストの大きい糸を用いて配列した場合、配色の効果がよくわかる。

●経糸の設計

経糸に2色以上使用する場合や、2種類以上の異なる素材を用いた場合は経糸設計表を使う。これによって経糸の配列・配色がはっきりする。表をもとに整経を行う。また、使用する経糸各色・各種類の本数がわかるので必要量の計算ができる。この方法で緯糸の配列・配色も考えられるが、ここでは経糸の場合を紹介する。

織デザインのペーパープランの「ウール2/5」と、使用する糸の色（水色とパープル）等の必要事項を下の経糸設計表に記入する。記入法は参照 p.86。

2色の色糸による色味とデザイン効果

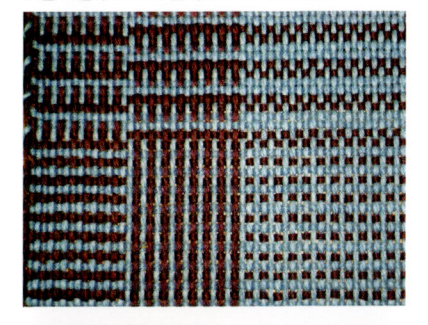

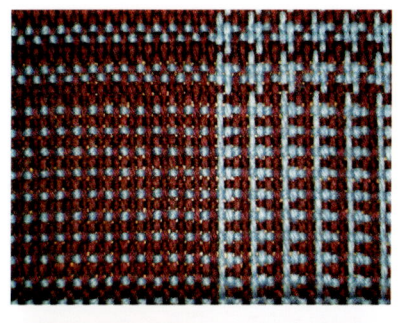

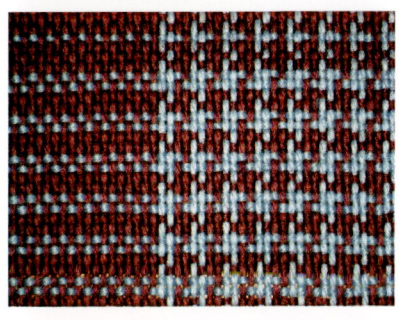

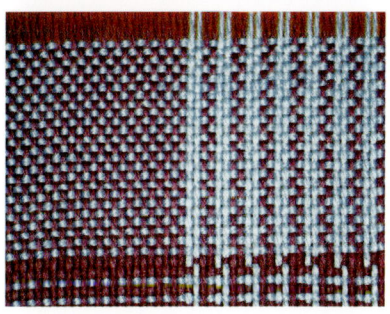

サンプル織の経糸

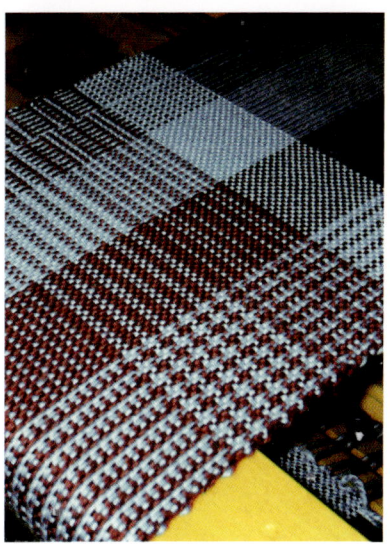

タペストリーのサンプル織

経糸設計表

糸名・色	経糸の配列・配色																			総本数
																			合計	

織／基礎・実技・プレゼンテーション

経糸設計表

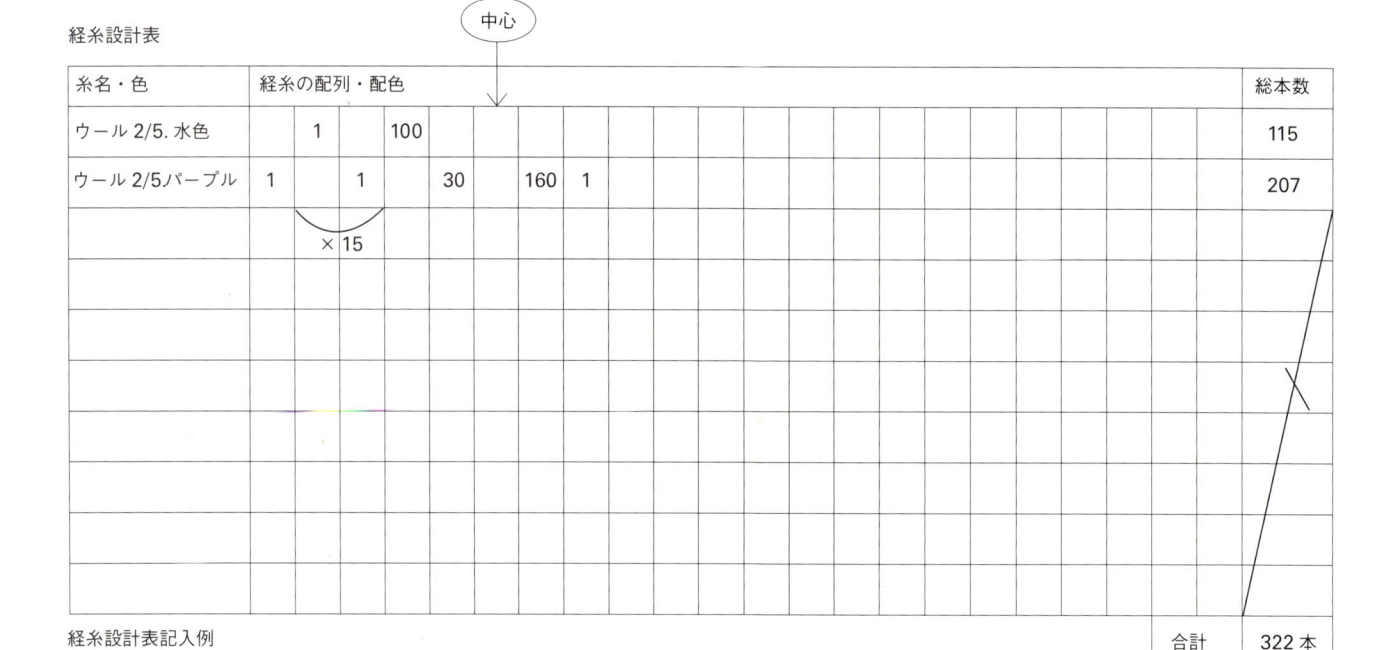

糸名・色	経糸の配列・配色												総本数
ウール 2/5. 水色		1	100										115
ウール 2/5 パープル	1	1	30	160	1								207
	×15												
経糸設計表記入例												合計	322 本

中心

● 織ノートの作成

制作する織布の記録を取り、今後のデータとして残すために織ノートを作ろう。下の記入例を参考に、p.87からp.88の織ノート 1/2、2/2 に必要事項を記入する。

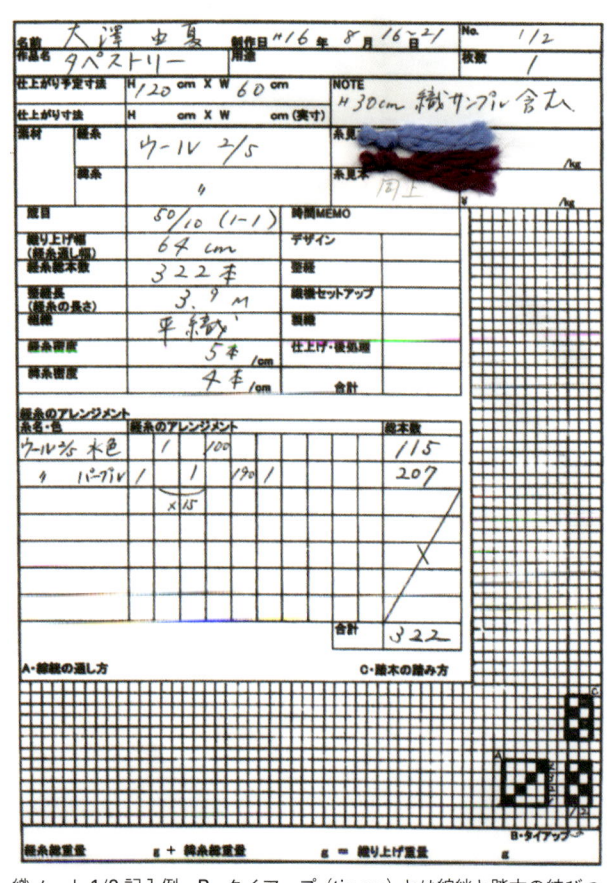

織ノート 1/2 記入例。B・タイアップ（tie-up）とは綜絖と踏木の結びつけ方である。

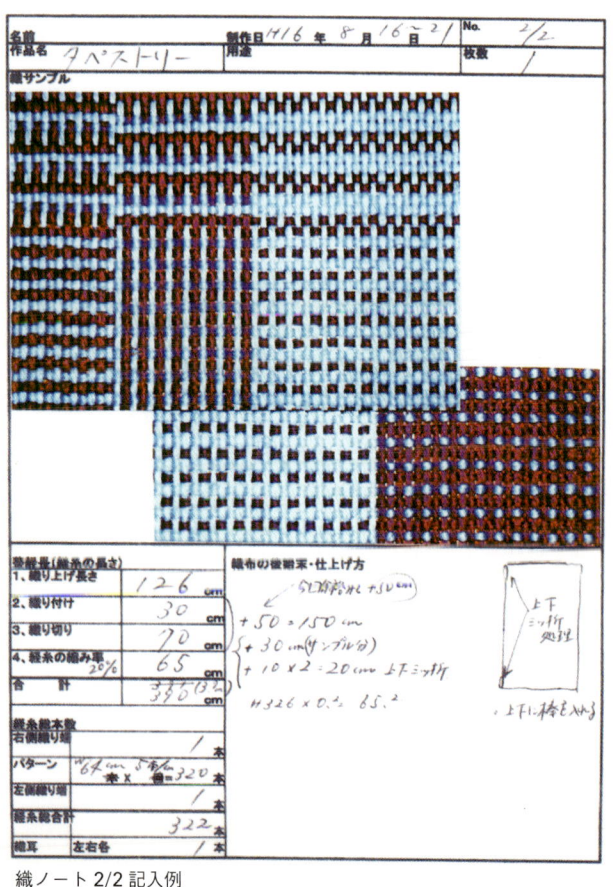

織ノート 2/2 記入例

86　織／基礎・実技・プレゼンテーション

織ノート 1/2

名前		制作日　　年　　月　　日	No.
作品名		用途	枚数

仕上がり予定寸法	H　　cm × W　　cm	NOTE
仕上がり寸法	H　　cm × W　　cm（実寸）	

素材	経糸		糸見本	糸代 ￥　　/kg
	緯糸		糸見本	糸代 ￥　　/kg

筬目		時間 MEMO	
織り上げ巾（経糸通し巾）		デザイン	
経糸総本数		整経	
整経長（経糸の長さ）		織機セットアップ	
組織		製織	
経糸密度	／cm	仕上げ・後処理	
緯糸密度	／cm	合計	h

経糸設計表

糸名・色	経糸の配列・配色	総本数
		合計

A・綜絖の通し方　　　　　　　　　　　　　　　　　C・踏木の踏み方

　　　　　　　　　　　　　　　　　　　　　　　　　A　　　4 3 2 1　C
　　　　　　　　　　　　　　　　　　　　　　　　　　　　　1 2　B

B・タイアップ

経糸総重量　　　g ＋ 緯糸総重量　　　g ＝ 織り上げ重量　　　g

織／基礎・実技・プレゼンテーション　87

織ノート 2/2

名前		No.
	制作日　　年　　月　　日	
作品名	用途	枚数

織サンプル

整経長（経糸の長さ）	
1、織り上げ長さ	cm
2、織り付け	cm
3、織り切り	cm
4、経糸の縮み分	cm
合計	cm

経糸総本数		
右側織り端		本
パターン	本×　回＝	本
左側織り端		本
経糸総合計		本
織耳	左右各	本

織布の後始末、仕上げ方

●糸量計算の計算式

織の作業をスタートする前に、経糸と緯糸を合わせた必要糸量を計算しよう。これによって、制作予定の織布にどれだけの糸が必要なのか用意の目算が立つ。糸を購入したり染色する場合には特に必要となる。織り終わったあとは実際の使用量を記録し、今後の制作の参考データとして残す。

○ 使用する糸：ウール 2/5 =（100g = 250m）

○ 2/5 とは 5 番の双糸のこと。5 番の単糸は 1/5 となる。1kg = 1,000m のものを 1 番手と言い、1kg = 5,000m を 5 番手と言う。

○ 双糸は、単糸に対して重さは倍、長さは半分となる。1kg で 5,000m ある 5 番手を用いるが、双糸なので、同じ 1 kg であっても長さは半分の 2,500m となる。1 kg = 2,500m → 100g = 250m。つまり、ウール 2/5 は 100g で 250m ということになる。

ウール2／5

●織物設計

経糸総本数、筬密度の決定、経糸・緯糸を計算する。

整経長（織機にかける1本の長さ）

1 織上げ長さ（サンプル分含め）　　　　　　　　　cm
2 織付け（30cm）　　　　　　　　　cm
3 織切り（70cm）　　　　　　　　　cm
4 経糸の縮み率（20%）　　　　　　　　　cm
　　　　　　　　　　　　合計　　　　　　　　　cm

織付け・織切りは織機の種類と使用する綜絖枚数によって異なる。
また、経糸の縮み率は、糸の太さ、撚り、密度、織組織によって異なる。

経糸の総本数

1 織上げ巾（筬への経糸通し巾）　　　　　　　cm
　織上げ巾の設定：織上がり予定巾 ＋ 織縮み分をプラス
2 使用する筬：50/10（筬密度は5本/cm）
3 経糸総本数
　織上げ巾＿＿＿cm ×（2）5本/cm ＋ 左右の耳分＿＿＿本 =（3）＿＿＿本

経糸の必要長さ

整経長　　　cm × 経糸総本数　　　本 = 　　　cm（= 　　　m）

経糸の必要総重量（2/5番手は1kg=2,500m、100g=250m）

経糸の必要長さ（総計）　　　　　　m ÷ 250m　A：　　　　g

緯糸の必要長さ

織上げ巾＿＿＿cm×1.1×緯糸密度＿＿＿本/cm×織り上げ長さ＿＿＿cm
= ＿＿＿cm（= ＿＿＿m）
（1.1は緯糸の縮み率を示す。縮み率は織上げ巾の10％として計算するが、糸の太さ、撚り、密度、織組織により異なる）

緯糸の必要総重量

緯糸の必要長さ（総計）　　　　　　m ÷ 250m　B：　　　　g

経糸＋緯糸の必要総重量

経糸必要総重量A：＿＿g＋緯糸必要総重量B：＿＿g＝必要糸総重量　C：＿＿g

●糸の前準備　　　参照 p.58
●整経　　　　　　参照 p.58
●仮筬　　　　　　参照 p.58
●綾移し　　　　　参照 p.59

●綜絖通し

綜絖通しは基本的な順通しとする。平織は2枚の綜絖枠で織ることができるが、経糸の密度が多い時や織巾が広い時は4枚の綜絖枠を用いたほうが踏木への負担が少なく織りやすい。

```
4              ○
3          ○
2      ○
1  ○
```
綜絖通しは順通し

●筬通し

筬目は1本通しにする。織布両端は、使用するウールが2/5なので、ある程度太さがあり、組織が平織であること、壁面に掛けるタペストリーであることを考慮して、特に耳組織は用いずに、筬目に1本通しとする。

●経糸結びは参照 p.60

●タイアップ

綜絖と踏木の結びつけ方をタイアップ (tie-up) という。下図黒く塗られた部分がその接続を表している。格子を題材にしたタペストリーでは織の三原組織のひとつ、平織にタイアップをセッティングする。平織は経糸と緯糸の交差のもっとも多い、摩擦に強い丈夫な組織である。

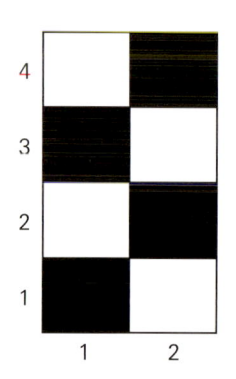

	1	2
4	□	■
3	■	□
2	□	■
1	■	□

●織る前の確認事項

織機での作業をスムーズに進めるために次のことを確認しよう。
○すべての経糸が同じ張り具合に整っているか。
○綜絖枠が正しい高さにセットされているか。
○綜絖枠が完全に水平であるか。
○筬・筬かまちが経糸に対してバランスよくセットされているか。
○綾棒が織機のできるだけ後方にセットされているか。
○踏木を踏んだ時、踏木が床にあたらないか。
○踏木を踏んだ時、綜絖枠がスムーズに動き、経糸が上下するか。

●試し織

確認作業が終わったら組織がわかりやすい色の緯糸で何cmか試し織をして、経糸と織機のセットアップが完全であるかどうかを確かめる。以下の項目に注意して確認する。
○経糸の開閉が悪い場合は経糸が筬の後ろでクロスしたり、綜絖の長さにむらがある場合がある。
○上下しない経糸は、綜絖の目に糸が通されていない。
○部分的に経糸の密度がありすぎたり、なかったりするところは筬通しが間違っている場合がある。
○部分的に織柄が間違っている場合は、綜絖通しが間違っている可能性がある。
○巾全体に織柄が間違っている場合は、タイアップか踏木を踏む順番が間違っている場合がある。

●製織／織サンプルでの確認事項

織機へのセットアップが終わり、織布本体を織り始める前の事前確認が終ったら緯糸を準備し、織サンプルを織ろう。この織サンプルはプレゼンテーションにも使用する。織るリズムに慣れよう。この織サンプルでは次の2つのことを確認しよう。
○ 緯糸密度：4本/cm。緯糸密度を

試し織・織り始め部分

踏木・タイアップする前

織機後部・綾棒

織風景

確認する場合は経糸のテンションをゆるめ、何箇所かの緯糸の本数を数える。その際、硬すぎるか、柔らかすぎるかなどの織布の風合いも同時に確かめる。経糸密度と緯糸密度のバランスは織布の風合いを決める重要なポイントとなる。

○ 色糸の入れ方、柄の出し方：先に「2種の色糸を使った場合の色味とデザイン効果」や「格子デザインプラン」でシミュレーションしたイメージと効果が実現されているか確認しよう。また、経糸に余裕があればタイアップを変えて斜文織で織サンプルを織る。ここでの課題である平織との違いが学べる。

● 織途中の確認事項
実際に製織作業に入ったら次の項目をしっかり確認し、作業を進める。
○織巾のコントロール（巾出しを使う）
○織った長さを測る。必ず、経糸の張りをゆるめてから測ること。
○経糸が切れた時の扱い方（参照 p.60）
○緯糸を替える時や、終わった時の繋ぎ方は参照 p.60

● 巾出しの役割と使い方
巾出しには、木製、金属製などがあり、織縮みを防ぎ一定の織巾を保つための道具である。織縮みの激しい織物の時に使う。織前に取り付け、織り進むにしたがって前に移動させて使う。織巾に合わせて、巾を調節して取り付ける。両端に織巾を一定に保つ針がついているが、その針で織端を傷つけないように注意する。

● 織布の始末と仕上げ方
タペストリーを制作するうえで、始末と仕上げ方は、でき上がった作品の印象を大きく左右するほど重要なポイントである。「織デザインのペーパープラン」で検討したイメージを描きながら実際の作業に入ろう。

平織の織サンプル

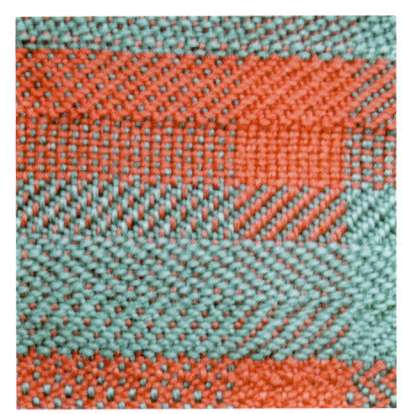

斜文織の織サンプル　　制作：大見幸織

木製巾出しとその細部

金属製巾出しとその細部

巾出し使用例1

巾出し使用例2

「装飾性のないシンプルなデザイン構成でタペストリーを仕上げる」ことがこの章の目的なので、それに適した見せ方を工夫する。

計量と採寸
織布を織り上げ、織機から布をはずしたら計量と採寸をする。アイロンがけ以前と以後で収縮率を確認するとよい。

アイロン処理
アイロンがけで織布の表情を整える。スチームアイロンを用いるとよい。この処理が適しているかどうかは、使用した素材、織り方、仕上がりの風合いをどうしたいかにもよる。織機からはずしたままの織布は織縮みやフロントビームへの巻き癖などでしわがある。アイロンがけにより、ある程度織布の表情をきれいにすることが可能だ。アイロンをか

ける時は次のことに注意する。
○アイロンで織布の表面を摩擦させず、布に軽く押しあてるようにする。
○織布を左右、斜めに軽く引っ張りながら織巾を調整し、横のストライプを整える。
○織布の両端2～3本の経糸がつれるケースが多い。布の上下から糸を少しずつ引っ張りながら織巾を調整し、アイロンを上手にあてる。

むだ糸の処理
アイロンがけが終ったら、織布から出ているむだ糸を切る。

三つ折り処理
スチームアイロンをかけ終わったあと、風通しのよい所に干し、織布の湿気がとれてから上下の縫製処理をする。ここでは、タペストリーとして織布を飾る際の基本的な処理方法として、織端の上下を三つ折りにして、そこに棒を通す方法を提案する。

　三つ折り部分の縫い方は、織布の上部（展示する場合の上部）を最初に縫い、袋状になった部分に棒を入れる。吊してから下部の折り位置を決めると寸法の狂いが少ない。

　織布の上下を折る場合、折り位置にある緯糸に沿って折ると上下の水平のラインがきれいに出る。

　縫製する時は、手縫いで縫製糸がつれないように注意する。針で緯糸をすくうと織布の表面がつれるため、経糸をすくいつつ縫い位置にあたる緯糸に沿って縫い進むとよい。右の写真❷は木製の棒を通したが、上下に通す棒の選択もタペストリー全体の印象にかかわるので、棒の素材・形態・長さすべてに気を配り、仕上がりのイメージに適したものを選ぶようにする。

●織物の始末／釘による張り仕上げ
三つ折り処理の後始末の他に、ボリュームのある素材、技法を用いた場合のタペストリーの後始末の方法を紹介しよう。

　織工程で気をつけても、織巾や緯糸の打ち込み具合が不揃いになることがある。その場合は、織り上がったタペストリーを「釘による張り仕上げ」により寸法を整えることができる。

アイロンがけの後、湿気をとる

❶三つ折り処理

❷三つ折り処理

タペストリー展示

1　床に厚手の板を置き、タペストリーの仕上り希望寸法枠を板に直接記す。

2　板の上にタペストリーを広げ、織の四角（よすみ）を板に記した寸法枠の角に

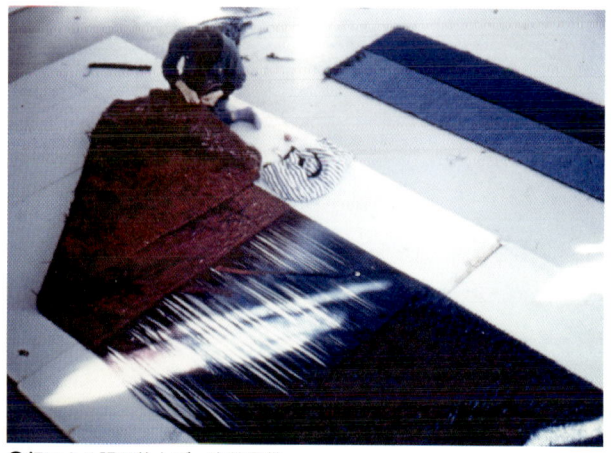

❶釘による張り仕上げ・事前準備

❷釘による張り仕上げ

❸釘による張り仕上げ

織端の始末

❹釘による張り仕上げ

合わせて釘を打つ。
3　四角(よすみ)に打った釘に太目の糸を引っ掛けて四辺の垂直を出す。
4　作品の周囲を目印の線に合わせながら、できるだけ細かく釘打ちをする。
5　特に縮んだりつれている緯糸を整え、経糸を上下から引っ張り、釘打ちをする。この時、織の上下の水平を必ず確認すること。
6　全体の釘打ちが終ったら、織の表面全体に霧吹きをする。
7　そのまま、一昼夜ほど放置して自然乾燥させる。

●プレゼンテーション

イメージコラージュ、空間設定とシミュレーション、格子デザイン、色彩プラン、織ノート、織サンプルなどを一連のパネルにしプレゼンテーションとしてB3サイズにまとめる。

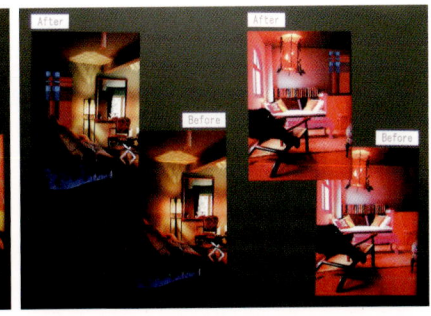

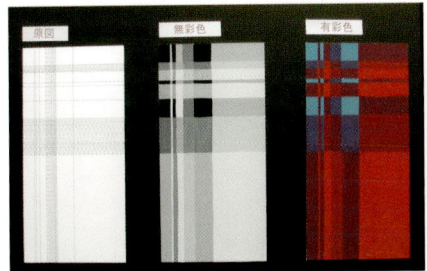

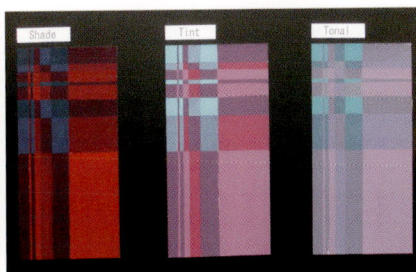

プレゼンテーションから。イメージコラージュ、空間設定とシミュレーション、格子デザイン、色彩プラン、織サンプル等　制作：大見幸織

織／基礎・実技・プレゼンテーション　93

| 作品紹介 | 下村好子 |

「moved」2003　W246 × H186cm　素材：麻、綿、フェルト　平織、ノッティング

「grove」2003　W94 × H99cm　素材：麻、綿、フェルト　平織、ノッティング

「slow」2006　W20 × H20cm　素材：麻、ステンレス、フェルト　平織、ノッティング

「echo」2006　W94 × H99cm　素材：麻、綿　平織

「memorize」2006　W98 × H96cm　素材：麻、綿　平織、ノッティング

| 作品紹介 | 大澤由夏 |

「LANDSCAPE」2004
W88 × H203cm
素材：麻、サイザル麻

「Beyond The Red」2003　W126（63×2）× H148cm
素材：麻、綿、シルク、レーヨン、紙

「DISTANCE Ⅰ・Ⅱ・Ⅲ」2002　W45 × H45 × D5cm　素材：麻、綿麻混紡糸、サイザル麻、ステンレス枠

「LANDSCAPE」2004　W111 × H 203cm　素材：麻、綿、シルク、レーヨン、紙

「Återglans・光の反映」1989　W150 × H 560cm　素材：ウール、サイザル麻、麻、ハンプ、レーヨン

織／基礎・実技・プレゼンテーション　95

4章

さまざまな技法

4-1　絣とほぐし絣
4-2　綟り織／紗・絽・羅
4-3　オフルーム／ノッティング・綴れ織
4-4　フェルト

4-1

絣とほぐし絣

鈴木純子

絣（かすり Ikat）の特徴は、単純明快な図形と色のコントラストによる美しさである。ここでは経絣の括り方と、ほぐし絣の技法を紹介する。絣には経絣の他に緯絣、経緯絣等がある。

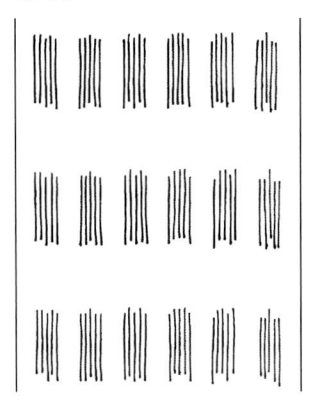

経絣（warp ikat）

緯絣（weft ikat）

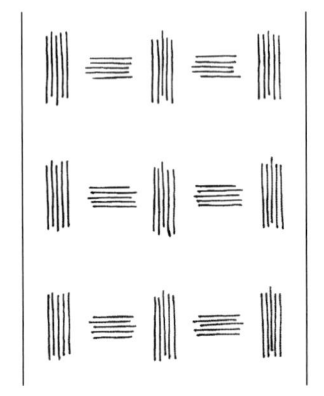

経緯絣（warp and weft ikat）

●絣の括り方

1　括りたい巾にラップを巻く。二重巻き程度。括り巾が長い時は、竹ひごを一緒に巻くと括った部分が折れない。

ラップ

2　荷作り用のビニールテープを長めに切り、図のように先を折り返し指で押さえる。

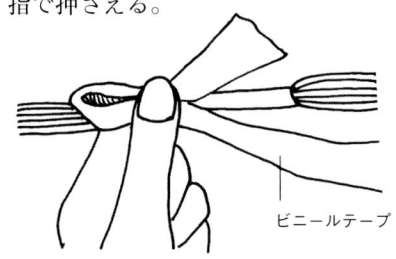

ビニールテープ

3　テープの長いほうを、指で押さえていた位置あたりに1～2回巻き、短いほうを反対側に倒す。

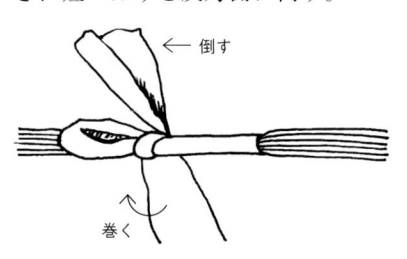

← 倒す
巻く

4　ラップが隠れるまでテープを巻き、ラップが隠れたら最初に巻き戻る。すき間をあけないこと。

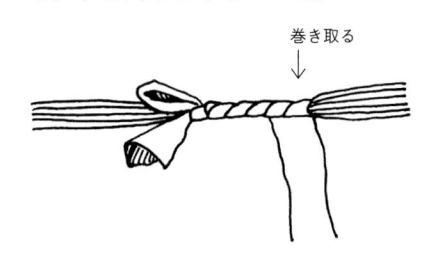

巻き取る

5　巻き終えたら輪を作り、最初に作った輪の中を通す。

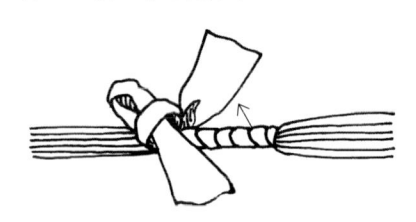

6　aを強く引き締める。染織後、bを引くと鋏を使わずに解ける。染織の際は、括った糸を必ず水に浸けてから染液に浸けること。

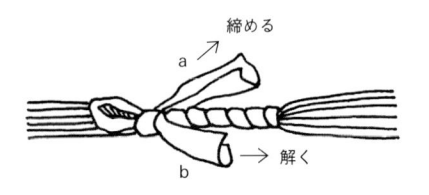

締める
a
b　→ 解く

● ほぐし絣

次の条件でほぐし絣を実際に織る。糸は、ほぐす時のことを考え、毛羽立たず、伸縮性の少ない糸のほうが扱いやすいだろう。

○経糸・緯糸：ラミー16/5
○筬目：6/cm

❶デザインを考える。

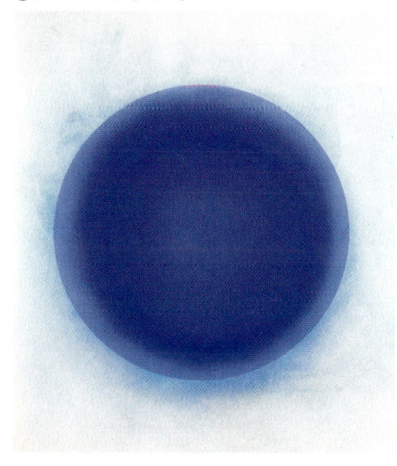

❷白布を織り、捺染台上で染める。

❸ユポトレース紙にデザインした文様を写し、カットする。動かないようにマスキングテープで布や捺染台に固定し、ぽたん刷毛で染める。多色デザインの染は、色ごとに型をカットし、共通のトンボをつける。ユポトレース紙なら下の文様が透けて見え、使用後すぐに洗えば繰り返し使用できる。

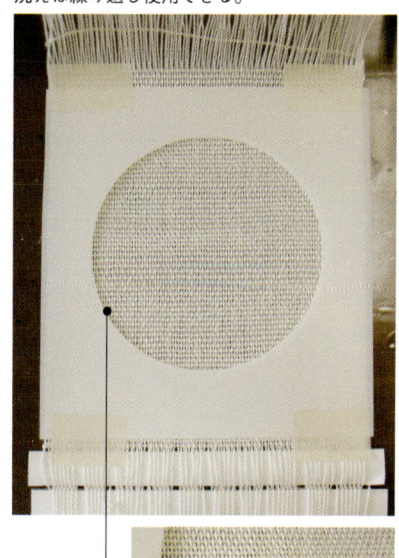

❹ステンシルで表面を染める。必要に応じて裏面も染める。顔料、アクリル絵具は、乾燥後ほぐす。染料の場合は蒸し・ソーピングがあるので、いったん織機から完全にはずすことになる。紐などで綾を縛り、落とさないようにする。

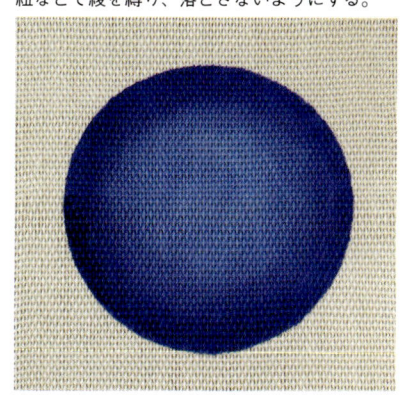

❺織機に戻し緯糸を抜く。織った時と逆の作業をしていく。板杼に巻き取りながら、すべてほぐす。

❻ほぐした緯糸を、ほぐした順に織る。

❼完成

さまざまな技法　99

●経緯絣の作品

デザイン・制作：堀口亜子　2005

●シルクスクリーンプリントによるほぐし絣作品

「横濱」2002　W80×80Hcm　素材：麻　デザイン・制作：鈴木純子　撮影：早川宏一

デザイン・制作：小池沙登美　2005

| 作品紹介 | 鈴木純子 |

1「Selfish」
2003　W20×H10×D10cm　素材:新聞　オリジナル
2「Merman」
2003　W270×H240cm　素材:麻　ほぐし絣
3「Vacancy」
1997　W238×H190cm　素材:麻、綿　ほぐし絣　撮影:島修一
4「Vissitude」
1993　W815×H300cm　素材:麻、綿　ほぐし絣、経絣　撮影:山本昌男

さまざまな技法　101

4-2

綟り織
紗（しゃ）・絽（ろ）・羅（ら）

下重泰江

綟り織（もじりおり）は、搦み織（からみおり）ともいい、代表的なものに紗・絽・羅がある。通常の布が経糸と緯糸が直角に交差する織構造であるのに対し、2本あるいは数本の経糸が文字どおり綟り合って構成される織物である。経糸が綟り合うことで緯糸をしっかり固定し、薄くすき間のある「透ける布」を生み出すことができる。

綟り織の技法は、指で綟る方法に始まり、織機では特殊な簡易用具（半綜絖（はんそうこう）、半綜絖スティック、ビーズ等）を使うことで、基本的な紗をベースに、いろいろな織のヴァリエーションを作り出すことができる。糸の太さや種類、色の変化、染色、フェルト、二重織といった他の技法との組合せ等、創意工夫を生かすことで、ハンドワークならではのオリジナルな表情の布が生まれる。

歴史的に名高い正倉院の「文羅（ぶんら）」は細い絹糸で薄く繊細に織られ、高度な染色技術と融合した複雑高貴な「羅」裂の代表である。またアンデス地帯でも古くから指先の操作が加わった自由度の高い羅が織られていた。しなやかな風合いとディテールの美しさは身に纏う布として人々の心をとらえ、光、風といった空気感を湛える透過性は、空間の中で、十分にその布の魅力を発揮する。

透過布としての綟り織とそのアップ。市松状変化組織の応用　制作・デザイン：加藤美由紀

空間に生きる綟り織とそのアップ。綟り織応用、絣染　制作・デザイン：加藤美由紀

●綟り織の種類

紗（しゃ） 2本1組の経糸が綟り合う。綟りの基本組織。

観音紗（かんのんしゃ） 左右綟り一対の組み合わせ。

絽（ろ） 紗と平織の組み合わせ。

三本絽（さんぼんろ）等 緯糸3本1組の交互綟り。

ホラ絽（ほらろ） 絽の変化組織、すき間が大きい。

羅（ら） 経糸が緯糸ごとに組み変わる。

網綟（あみもじり） 2本とその左右2本が交互に綟り合う。

四越網綟（よんこしあみもじり） 網綟に緯糸を中間に1本加える。シッカリした地合の網綟。

籠綟（かごもじり） 2本とその左右2本が組み変わり、1組おきに市松状に綟り合う。

筒綟（つつもじり） 2本1組が同じ位置で綟り合う。

ホラ羅（ほらら） 羅の変化組織、すき間が大きい。

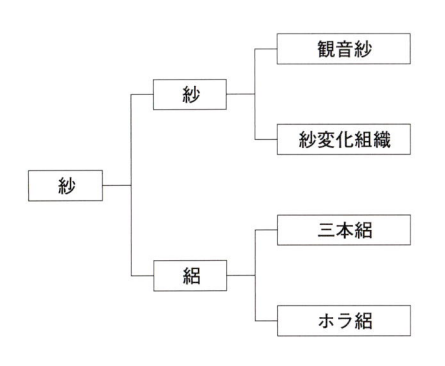

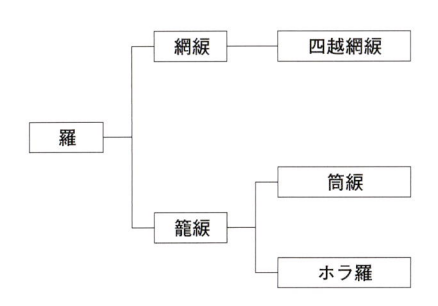

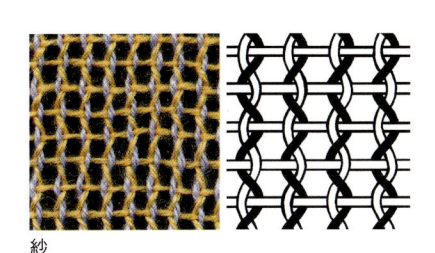

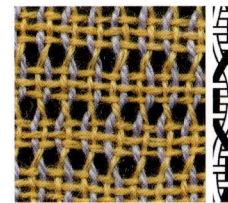

```
紗 ─┬─ 紗 ─┬─ 観音紗
    │      └─ 紗変化組織
    └─ 絽 ─┬─ 三本絽
           └─ ホラ絽

羅 ─┬─ 網綟 ─── 四越網綟
    └─ 籠綟 ─┬─ 筒綟
             └─ ホラ羅
```

紗

観音紗

三本絽

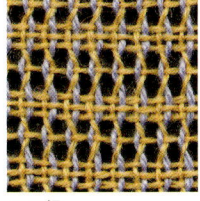

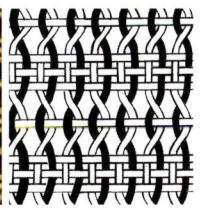

ホラ絽

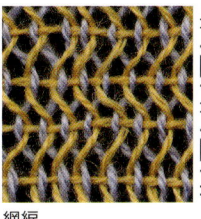

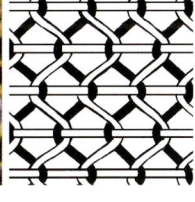

網綟

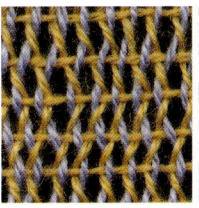

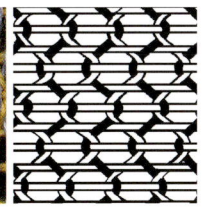

四越網綟

●綟り織の技法

綟り織の基本は、（1）2本1組の経糸をよじり緯糸を通す（2）経糸のよりを戻して、緯糸を通すの繰り返しである。綟り織の技法として、ここでは、手（指）で綟る紗、半綜絖を使用した紗と絽と羅、ビーズを使用した紗と絽の3つの技法を紹介する。

準備

○経糸密度：筬に1cm間に4本通す（4本／cm）。

○使用糸：綿糸20／8。

○綟り具合がわかりやすいように、2色交互で総本数をセットする。

手（指）で綟る

指とヘラで経糸をすくうようにピックアップしながら織る。海外の綟りレース技法を4種類紹介しよう。

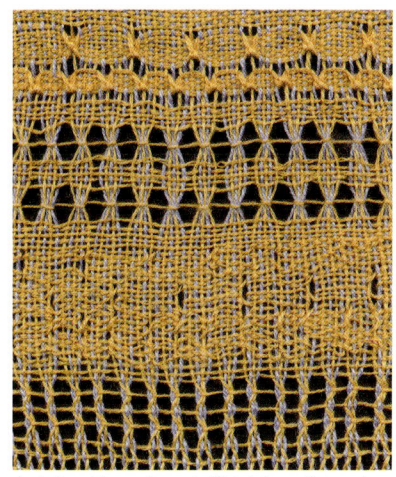

上から、デニッシュメダリオン、ブルックスブーケ、スパニッシュレース、レノの組み合わせ

レノ（Leno）綟り

❶ 平織を数段織る。経糸番号を右端から①②③④〜とする。綟り織開始段では、織機右端経糸①が下がった状態での平織開口、緯糸が右から挿入する状態を確認する。

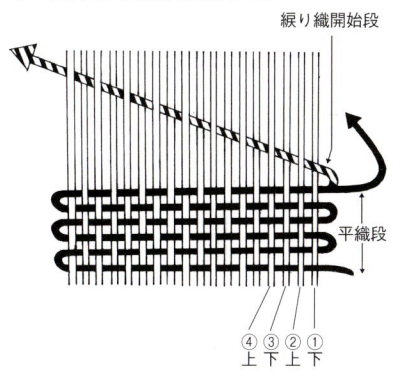

❷ ピックアップスティックで経糸②を、上から押さえるようにして右方向に少しずらし、経糸①を左へすくい上げスティックにキープする。経糸2本1組の綟りを繰り返す。

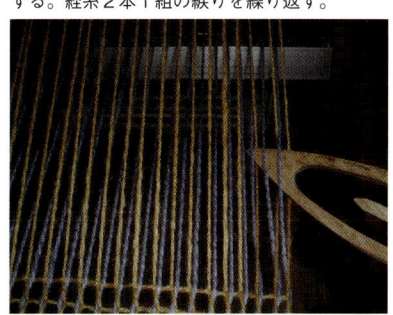

経糸1本ずつ2本1組の綟り

さまざまな技法　103

❸ピックアップスティックを垂直に立て、綟り状態の開口を確保し、ここに緯糸を右から通す。

❹ピックアップスティックを抜き、注意深く筬打ち。

❺反対の平織を開口し、左から右へ戻るように緯糸を通し、軽く筬打ち（綟りはなし）。❷〜❺を繰り返す。

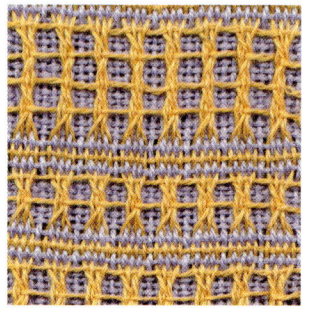

レノ織の二重織。表・レノ織、裏・平織

レノ綟り・経糸本数による
ヴァリエーションと応用

経糸1本ずつ2本1組の綟りから、2本ずつ4本、3本ずつ6本と、経糸の本数変化と組合せで織のヴァリエーションが広がる。

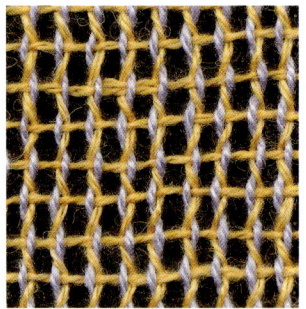

経糸1本ずつ2本1組

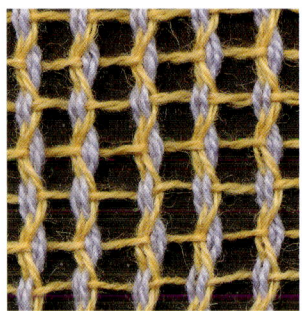

経糸2本ずつ4本1組

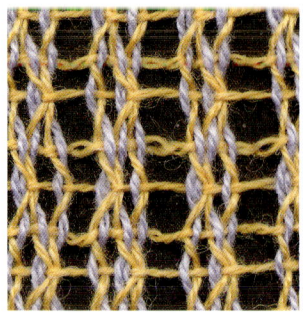

経糸2本ずつと1本ずつ交互に

ブルックスブーケ
(Brooks Bouquet)

経糸数本を緯糸で結ぶ古来のレース技法。花束のように見えるのでこう呼ばれる。

❶平織開口で、右端から緯糸を通し、経糸数本まで通し（ここでは束にする5本の半分である2〜3本に設定）シャトルを織手前に引き出す。

❷シャトルを持ち替え、最初の手順❶から、経糸5本をすくい上げて、シャトルを織手前に引き出す。

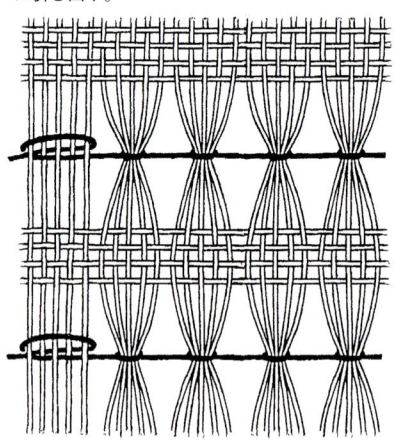

❸手順❶❷でできた緯糸の輪にシャトルを通し、経糸5本を束にして結び目を作る。同じ開口のまま❶〜❸を繰り返す。

❹平織を奇数段織り、束を作る段は常に右端より始まるようにする。

ブルックスブーケの
ヴァリエーションと応用

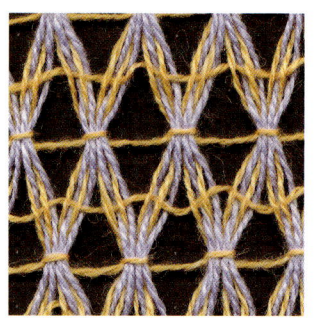

束ね方の分割変化

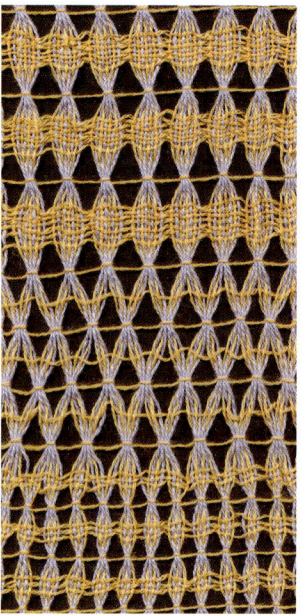

ブルックスブーケのヴァリエーション

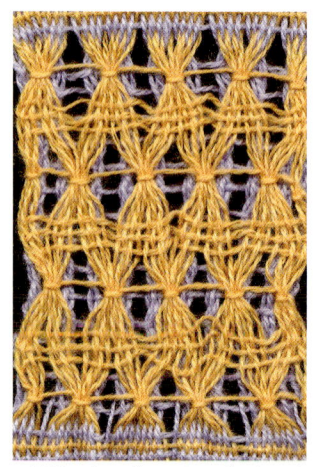

二重織。表・ブルックスブーケ、裏・レノ織

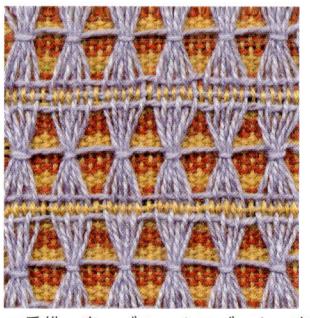

二重織。表・ブルックスブーケ、裏・平織ストライプ

デニッシュメダリオン
(Danish Medallion)

指先でコントロールするレース技法の代表で、メダルのように見えるパターンが特徴。太・細、2種類の緯糸のシャトルを用意する。

❶平織開口で、左端より太い緯糸（下図の黒い緯糸）を通す。

❷細い緯糸（白い緯糸）で平織を数段織る。

❸反対の平織開口で、右端より太い緯糸（黒い緯糸）を通し、最初にメダルを作る経糸でシャトルを織手前に引き出す。

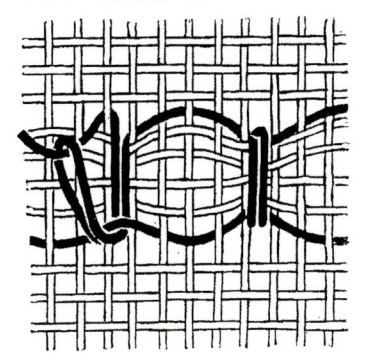

❹指先またはカギ針で、❸の太い緯糸をつまみ出し、❷の平織の上から❶の下をくぐらせ、ループを作る。

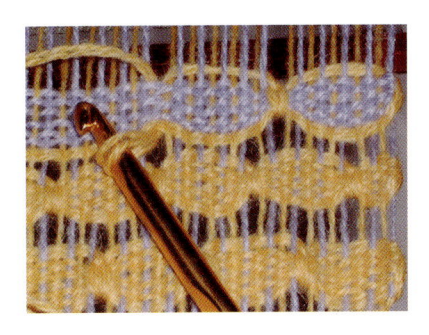

❺このループにシャトルをくぐらせ、きつく結び目を作る。❹を左端まで繰り返す。

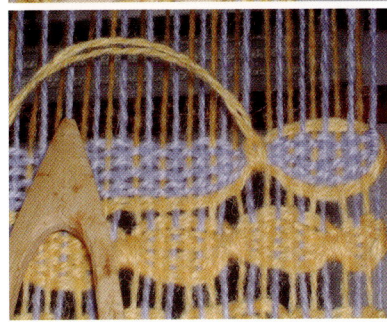

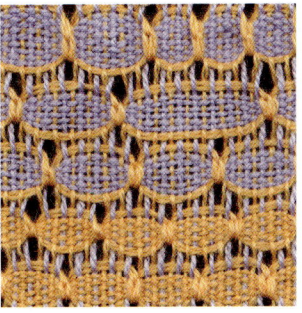

デニッシュメダリオンの大きさ変化

スパニッシュレース
(Spanish Lace)

❶左端から開始。小さいシャトルで数本の経糸をグループにして、平織を数段織る。

❷次の経糸グループを手順❶と同様に平織を数段、これを右端まで繰り返す。

❸小グループ化した平織部を繋ぐ緯糸が意図しないデザインを生む。

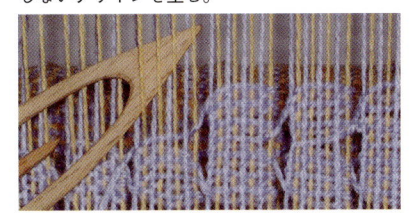

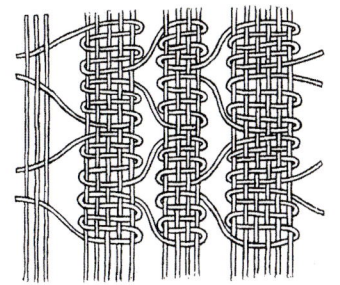

グルーピングの変化の基本図

スパニッシュレースのヴァリエーション

経糸本数の変化や、グルーピングで意図的な経スリットを作るなど、デザインヴァリエーションが考えられる。

経スリット効果

経糸8本で、グループ化する経糸箇所をずらす

●半綜絖を使用して紗と絽を織る
綜絖、半綜絖の準備

❶綜絖③、綜絖②に経糸を通す。

さまざまな技法　105

❷半綜絖は 50 〜 60 番のすべりのよい糸で作る。本数は経糸総本数の半分。1 本の糸を輪にし、雲雀結びでもっとも織前の綜絖①に取りつける。

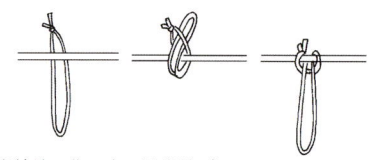

半綜絖の作り方。雲雀結び

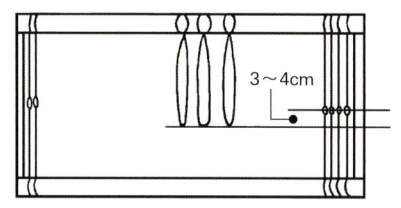

❸半綜絖の長さは重要である。綜絖の輪の中心から 3 〜 4cm 下までを目安に調整する。半綜絖が短かすぎると、綜絖①を上げて開口がよく、綜絖③で悪い。長すぎると、綜絖③を上げて開口がよく、綜絖①で悪い。①と③がバランスよく開口するように調節する（写真❺❻参照）。

3〜4cm

半綜絖の長さの調節

❹ 2 本の経糸を手にとり、半綜絖を綜絖②の経糸の下をくぐらせ、綜絖③の経糸を半綜絖の輪に通す。

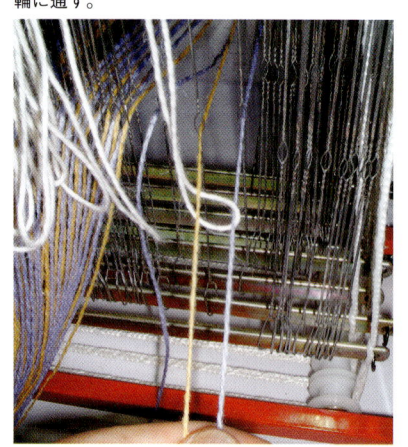

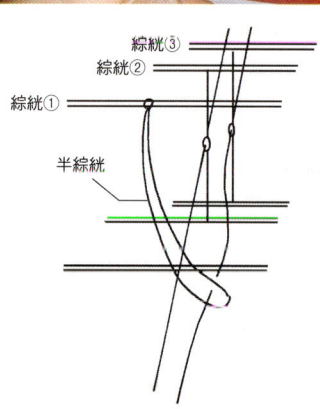

経糸の半綜絖の通し方

❺綜絖①を上げる

❻綜絖③を上げる

❼綜絖③②の経糸を 2 本 1 組で筬目に通し（込みざし）、次の筬目は 1 目あける（空羽）。これを繰り返す。経糸は少しゆるめに張る。

●半綜絖を使用した織のヴァリエーション

半綜絖を利用したいくつかの織を紹介する。上口開口の織機を使う場合、番号の順に綜絖を上げ緯糸を通す。緯糸は凹凸による縮みを考慮し、平織より余分に入れる。

○平織：②、③を交互に繰り返す。
○紗：①、③を交互に繰り返す。
○絽：①、②、①を 1 組、③、②、③を 1 組。これを交互に繰り返す。
○観音紗：①、③を交互に繰り返す。絖綜の通し方は、右から③、②、③を繰り返す。紗よりも凹凸ができ、横巾は縮む。
○ホラ絽：①、③、②、③を交互に繰り返す。絽よりも凹凸がでる。

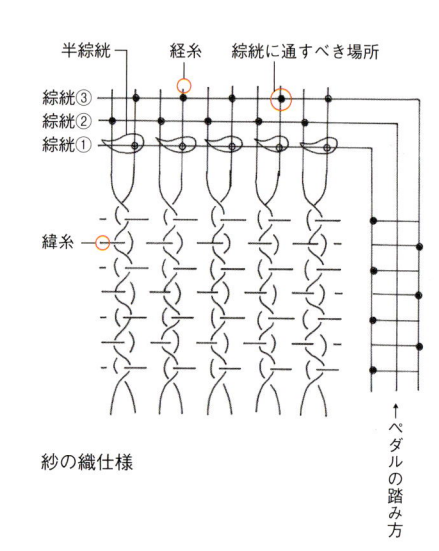

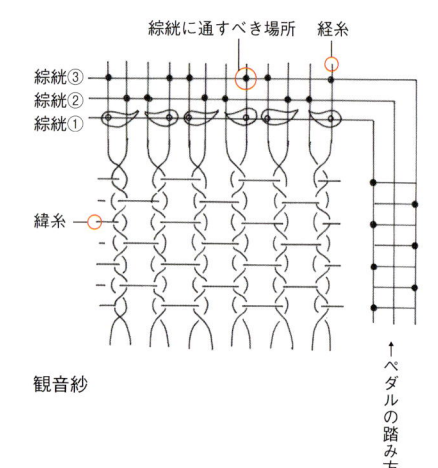

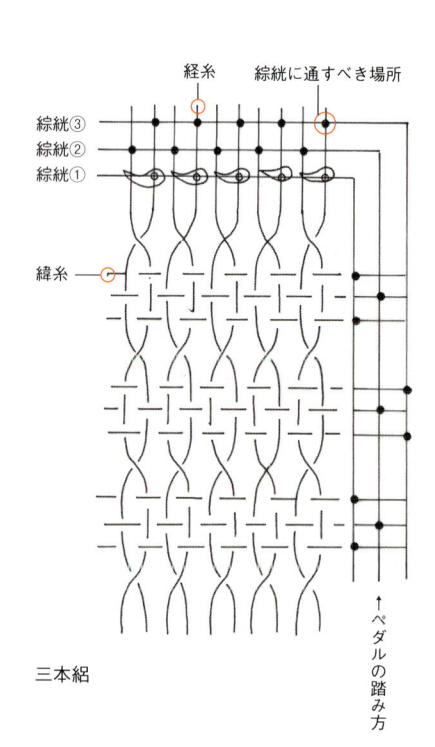

紗の織仕様

観音紗

三本絽

106 さまざまな技法

経糸

綜絖③
綜絖②
綜絖①

緯糸

ホラ絽

↑ペダルの踏み方

綜絖の上り方
基本的な3つの例を紹介する。
○A：綜絖④の経糸を上げる（高）と①も上がり（低）、ビーズは綜絖②③の経糸の右下側に来る。

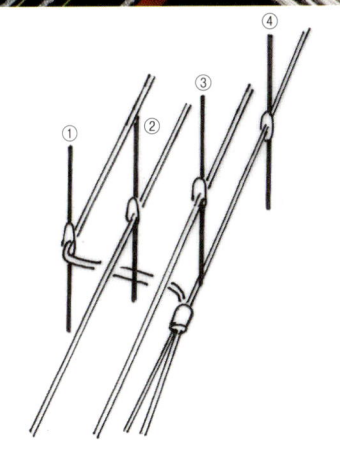

○B：綜絖①の経糸を上げる（高）と④も上がり（低）、ビーズは綜絖②と③の経糸の左下側に来る。

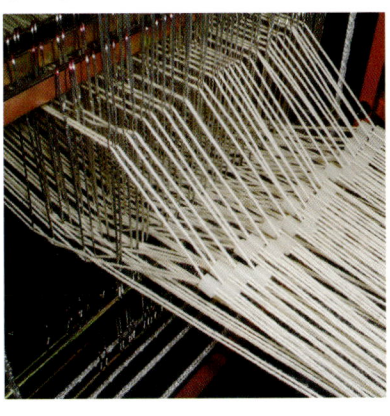

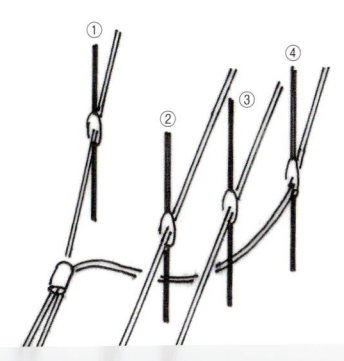

○C：綜絖②③の経糸を上げる（高）と、ビーズは綜絖②と③の経糸の間の下側に来る。

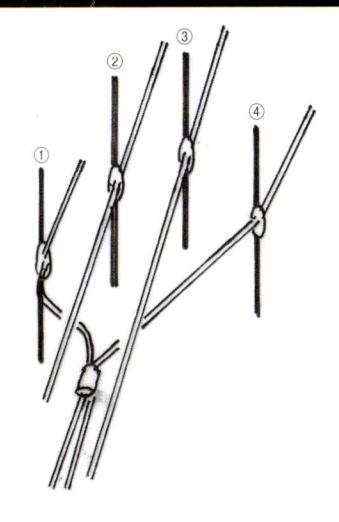

●ビーズを使用して紗と絽を織る
半綜絖の代わりにビーズを使う。2本1組の半綜絖に対し、4本1組が基本構造となる。細い糸を使うと効果的で、紗や絽などの単純な組織の織に適する。ビーズの大きさは糸の太さや密度とのバランスで選定するが、やや大きめのほうが絡みやすい。

❶ 4枚綜絖に経糸（綿10／2）を順通し、山道通しなどで通し、綜絖②③の経糸の下側で、綜絖①と④の経糸を一緒にビーズに通す。

❷ 筬通し。綜絖①〜④までの4本の経糸を、筬1目（2.5本／cm）に一緒に通し（4本引き込み）、1目空羽。

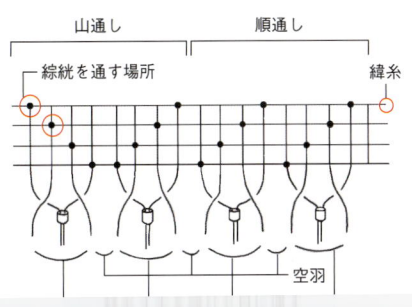

山通し　順通し
綜絖を通す場所　　　緯糸
空羽

●ビーズ使用の織り方と手順
○平織：綜絖①または④と、②③を交互に上げ緯糸を通す。
○紗：綜絖①と④を交互に上げ緯糸を通す。
○絽：A・綜絖①、②③、①を順に上げ緯糸を通す。B・綜絖④、②③、④を順に上げ緯糸を通す。AとBを交互に繰り返す。

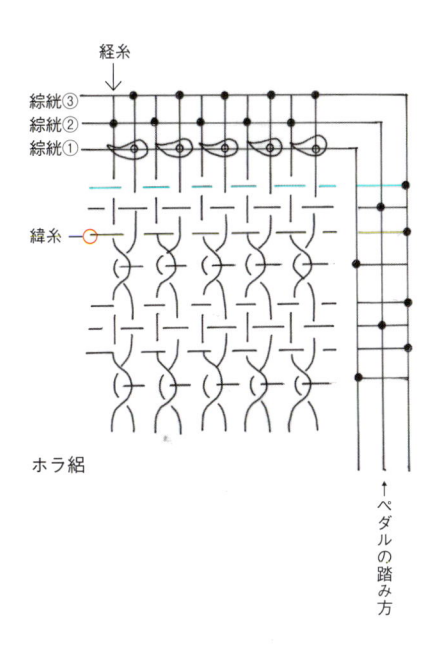

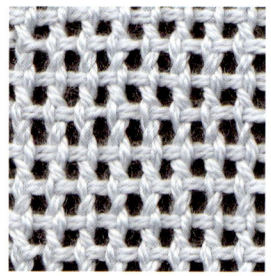

紗・綜絖は順通し

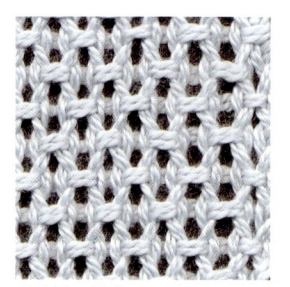

観音紗・綜絖は山道通し

絽・綜絖は順通し

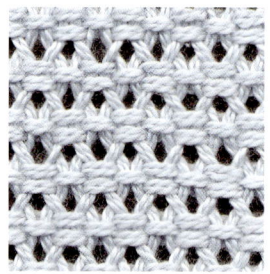

絽・綜絖は山道通し

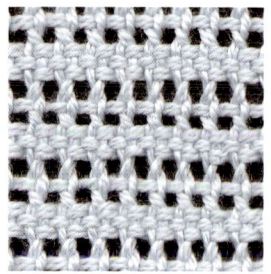

絽・綜絖は順通し応用

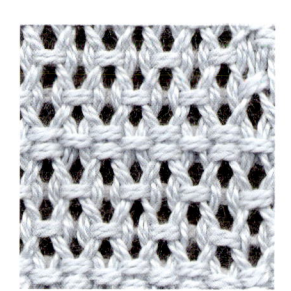

絽・綜絖は山道通し応用

● 半綜絖を使用して羅を織る

2本1組の経糸が緯糸ごとに複雑に組み変わるため、1段ごとに経糸の動きと綟り具合を確認して織り進める。常に半綜絖によってできる綟りをヘラでピックアップすることがポイントで、手間と工夫が求められる。

網綟

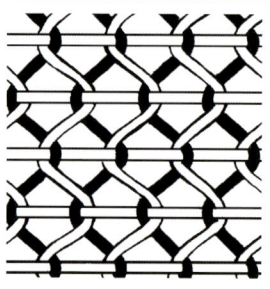

❶ 右端から経糸を綜絖④、③に交互に通し、前後のビームに軽く結んでおく。

❷ 半綜絖を②の綜絖枠に取りつける。

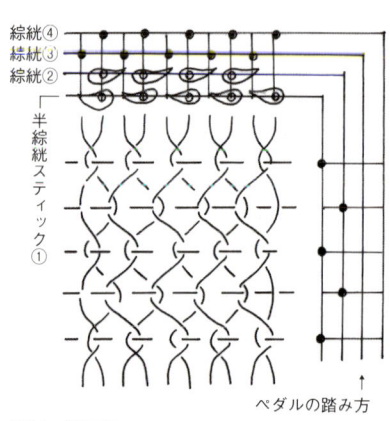

網綟の織仕様

❸ 綜絖③を上げ、右端1本を残し左下の④の糸を③の右上にヘラですくい上げてキープし、これを左端まで繰り返す。左端1本も残す。

❹ ヘラですくった経糸を②の半綜絖に通す。半綜絖をつけた2本1組の経糸を同じ筬目に通し、次の目を空羽にする。羅では、この前に半綜絖スティック①をセットするため、筬前で織り進めることができない。この筬は巾と密度設定用である。

羅用織機セット。写真中央に見えるのが半綜絖スティック①。順に上に、筬、半綜絖②、綜絖③④。

❺ 半綜絖スティック①を作る。綜絖③を上げ、右下の④の糸を③の左上にヘラですくい上げ、左端まで繰り返す。

❻ ヘラを立て開口。半綜絖用の糸を通して左端で輪奈を作り、直径約1cmの丸木棒に取りつける。

❼経糸の間から半綜絖用の糸をつまみ上げ、丸木棒に、棒の手前から向こう、向こうから手前にと順にかけ、半綜絖長さを約10〜14cmに揃える。

❽右端も輪奈を作って固定、スティックから半綜絖の糸がはずれないように、両サイドも固定する。

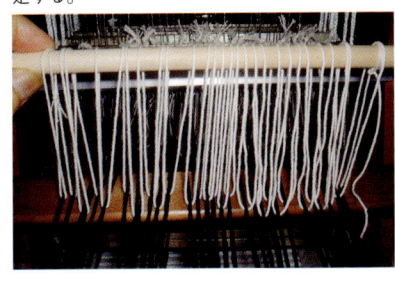

❾半綜絖スティック①と半綜絖②を交互に上げて緯糸を通す。まず半綜絖スティック①を上げる。

❿綟られて左上に上がる青糸をヘラですくう。

⓫ヘラで開口を確保し緯糸を通す。

⓬半綜絖②を上げる。

⓭半綜絖②と筬の間にヘラを立て、上がる青い経糸をさばくようにして開口を確保。さらに筬側に半綜絖スティック①を押して寄せ、筬手前にできる糸の捩り具合を確認し、上になる青糸をピックアップして開口。

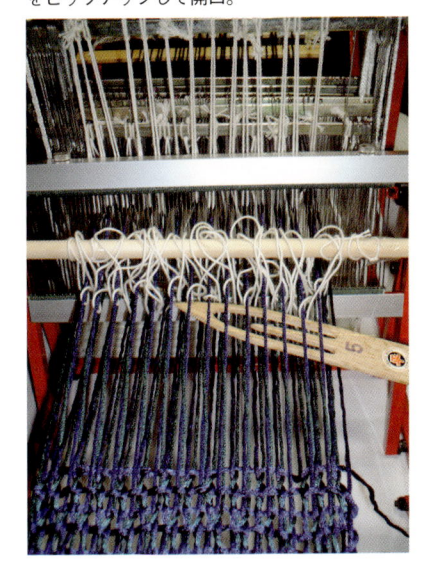

⓮ヘラで開口を確保して緯糸を通す。

⓯綜絖③を上げる。筬打ちはできないので、代わりにシャトルで緯糸を打ち込む。必要に応じて櫛も使用。経糸のテンションは、半綜絖の上下時はゆるめ、緯糸打ち込み時は強めに調節する。織巾はかなり縮む。ミミの経糸もゆるみやすいので注意する。

● 半綜絖使用の羅ヴァリエーション
四越網綟

綜絖通しは網綟と同じ。網綟より緯糸がよく打ち込め、すき間の少ない地合が得られる。

❶半綜絖スティック①、綜絖④、半綜絖②、綜絖④を順に上げ、緯糸を通し、これを繰り返す。

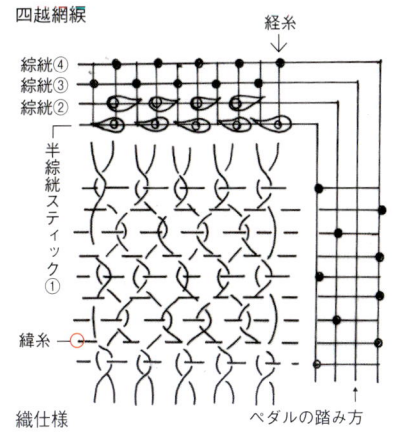

四越網綟

織仕様　　ペダルの踏み方

さまざまな技法　109

籠綟

❶右端から経糸を綜絖④、③に交互に通す。

❷綜絖枠②と①に半綜絖をセットする。

❸綜絖③を上げ、右端1本を残し左下の④の糸を③の右上にヘラですくい上げてキープし、これを左端まで繰り返す。左端1本も残す。

❹右から2本1組おきにヘラですくった経糸を半綜絖②と半綜絖スティック①に通す。

❺綜絖をつけた2本1組の経糸を同じ筬目に通し、次の目を空羽にする。

❻筬の手前に丸棒による半綜絖スティック①を取り付ける。半綜絖スティック①の作り方は網綟と同じ。

❼半綜絖スティック①、半綜絖①、半綜絖スティック①、半綜絖②を順に上げ緯糸を通す。表面に緯糸が多いのが特徴。

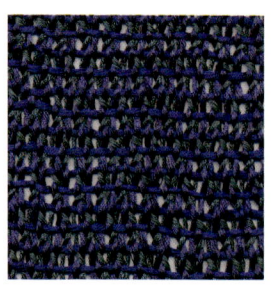

籠綟

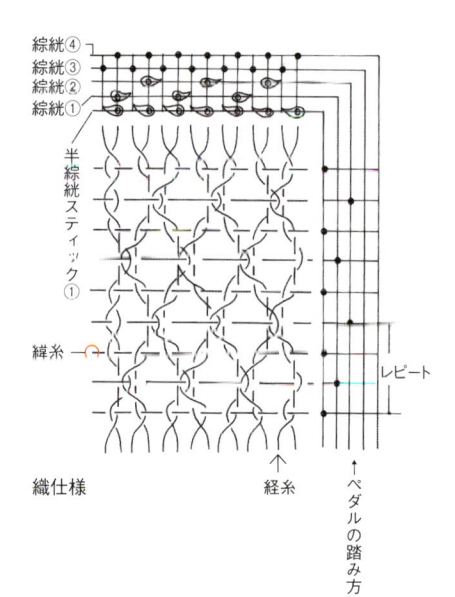

筒綟

準備は籠綟と同じ。

❶半綜絖スティック①、半綜絖①の上げを必要回数繰り返す。

❷半綜絖スティック①、半綜絖②の上げを必要回数繰り返す。

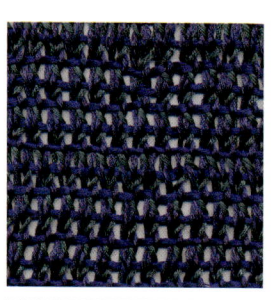

筒綟

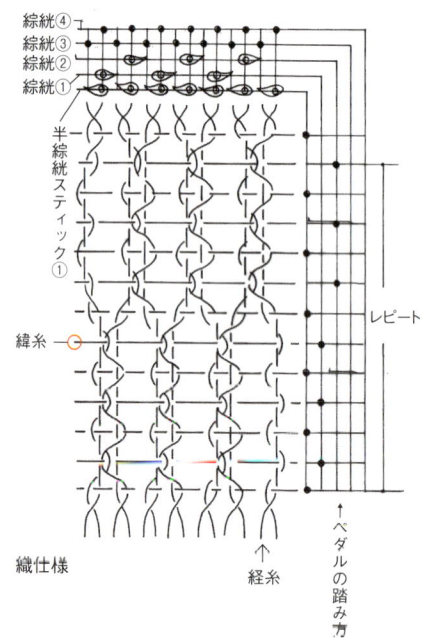

ホラ羅

準備は籠綟と同じ。

❶半綜絖スティック①、綜絖③、半綜絖スティック①、半綜絖①を上げる。

❷半綜絖スティック①、綜絖③、半綜絖スティック①、半綜絖②を上げる。❶と❷を繰り返す。

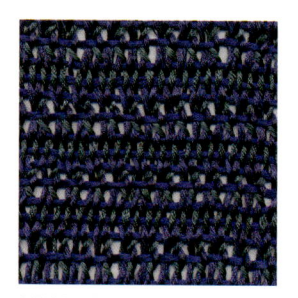

ホラ羅

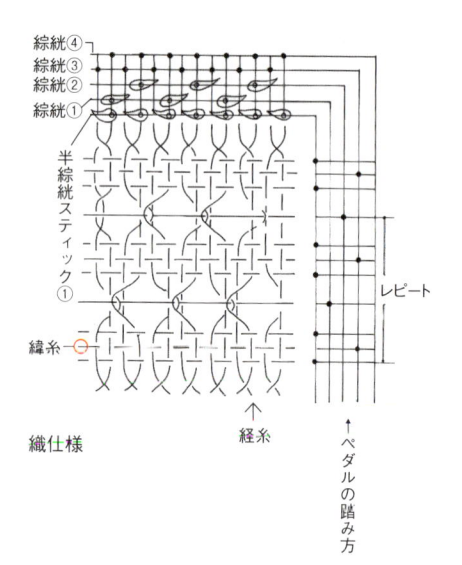

110　さまざまな技法

●綟り織のヴァリエーション

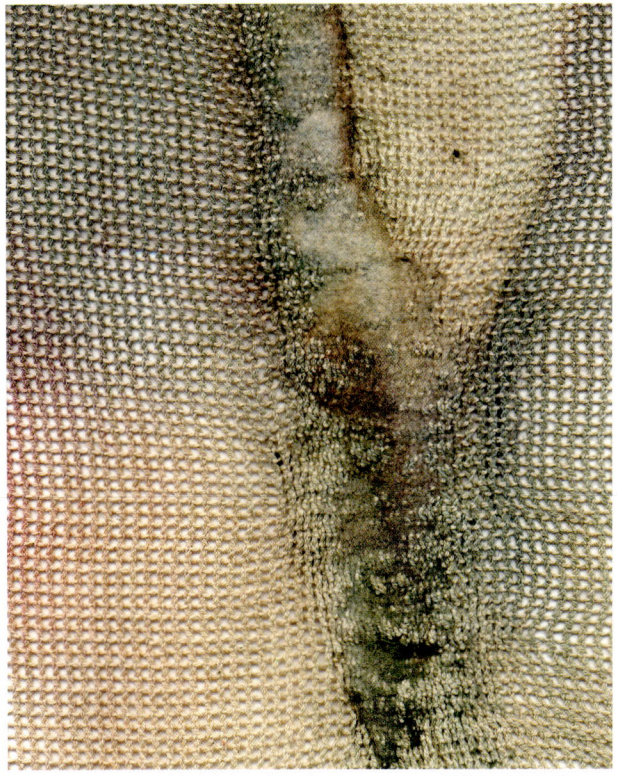

綟り織とフェルト（中央部）の組み合わせ　2006　制作：岡本蓉子

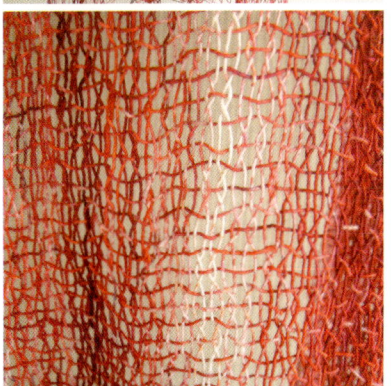

綟り織にシルクスクリーンプリント　2006　制作：石川真理

和紙撚糸による綟り織ストール　2003
制作：加藤美由紀

ビーズによる綟り織と平織の組み合わせ
2006　制作：森谷明日美

綟り織の変化組織4パターン　2003
制作：加藤美由紀

さまざまな技法　111

| 作品紹介 | 下重泰江 |

1
2
3
4

5

6

1 「Reminiscence in Sunny Place 日溜まりの記憶」
1998　W330×H160cm
2 「dialogue」(元麻布ガーデン)
1991　W130×H220cm　撮影：山本糾
3 「風」(丸増麹町ビル)
1989　W650×H150cm　撮影：山本糾
4 「風」(ラ・セーヌ上池袋)
1990　W150×H110cm　撮影：山本糾
5 「Ticking the Time ebony, tint」
1999　W140×H140cm
6 「STRATA　as time goes by」
1998　W100×H190cm。4連作
すべて強撚糸織とステッチ技法によるタペストリー。素材：綿、レーヨン

4-3
●
オフルーム
ノッティング・綴れ織

高橋稔枝

●オフルーム（OFF LOOM）とは
何かを作ることは楽しい。織ることは楽しい。木枠で道具を作ることから始まり、経糸を掛け、緯糸で織っていく。小さな画面の中に、織る、結ぶ、編む、組む、巻く、など技法の違いによる表現が可能だ。また素材の違い、テクスチャーの違いでよりアート性のあるミニ・タペストリーの制作も可能である。さらにオリジナルな技法への展開で作り手のメッセージを表現することもできる。オフルームは、これらの美術的側面だけでなく社会的役割も担っている。多くの道具立てを必要としないので、教育的立場から学校や美術館などへ、また医学的立場から、病院やグループホームなどの各種施設でアートセラピー、リハビリのために導入されている。

ここではテキスタイル表現への導入として、織る・結ぶという2つの技法について紹介する。

●ノッティング
（Knotting・パイル結び）
結ぶことと織ることで構成されるテキスタイル技法である。東洋ではこの技法によって織られた敷物を一般に緞通（だんつう）と言い、北欧ではルイユ（Ryijy）と呼ばれる。本来は敷物、毛布、ベッドカバーなど保温を目的としたものだった。その一方で装飾としてのノッティングも長い歴史の中で織られるようになり、現在に至っている。ここではノッティング技法により小さなタペストリーを制作する。

実際に織に入る前に、墨によるフリードローイングをトリミングして画面を選び（デザイン決定）、色彩と表現のプランを立てよう（参照p.39）。墨の濃淡・かすれ・滲みから色彩を感じ、それを糸で表現することを考えよう。

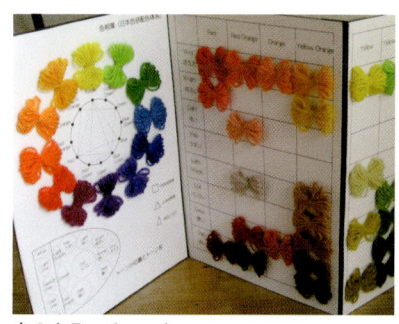

糸のカラーチャート

墨のフリードローイングを有彩色に置き換える

糸で色彩を表現する

●テクスチャーと技法

色で高さを変える。いくつかの面が作り出す面白さ

曲線とぼかし

直線とぼかし

スリット効果

裂布と糸

ノッティングと平織

● 技法について

パイル部分（写真左側上段の黄色い結び目）と平織（パイル部分の上）の2つの組織から構成され、平織を何段織るかが大切なポイントになる。2つの組織のバランスが仕上がりにも影響する。緯糸はバタフライ状にまとめる。ここではトルコ結び、ペルシャ結び、スパニッシュ結びを紹介する。トルコ結びは2本の経糸にしっかりと結ばれるので丈夫である。連続はシャギーの長さが同寸法で長く続く時に有効。スパニッシュ結びは細かい部分の表現に適している。

● 織計画

パイル部分と平織とのバランスを検討しよう。いくつかの組み合わせを検討し（写真右側）、ここでは次のように決定する。

○仕上がりサイズ：W25 × H30cm
○使用糸：経糸はラミー麻16／5 緯糸はウール紡毛2／5.5。パイル部分は4本取り。平織5段
○経糸密度：約2本／cm
○使用木枠：F10号

織部分のアップ

緯糸のまとめ方

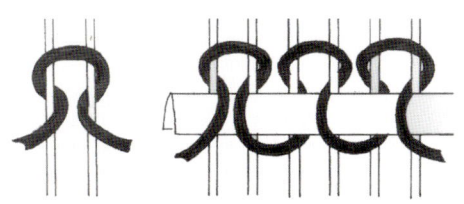

トルコ結びとその連続

ペルシャ結び　スパニッシュ結び

パイル4本取り、平織10段

オレンジ部分はパイル8本取り、平織2本取り4段。ブルー部分はパイル6本、平織2本取り4段

パイル4本取り、平織2本取り2段

さまざまな技法　115

道具を作る

材料：F10号キャンヴァス木枠、真鍮釘130本程度（直径1.4mm×H16mm）、グラフ用紙2枚（W1cm×H36cm）、トンカチ、両面テープ（巾1cm）

組み立てる。

上下に紙スケールを貼り、釘を5mm間隔でジグザグに打つ。

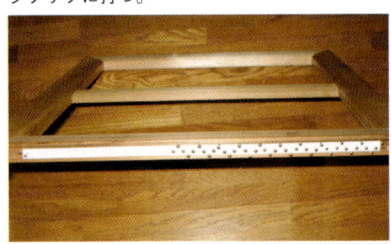

釘を打ち終えれば完成。

織準備

❶F10号木枠　❷経糸：ラミー麻16／5約50g　❸緯糸：ウール紡毛2／5.5適宜（パイルの長短により異なる）❹板杼（W2.5×H35×D0.4cm）❺スティック（綜絖の役目をする）大・H52×W2×D0.4cm、小・H40×W1.8×D0.4cm　❻すいたて（または櫛）❼フォーク　❽網針（10、16号）　他に、とじ針と鋏

1 経糸を木枠上下の釘に掛ける

糸端を木枠に結び、織巾分を掛ける。最後の糸端はセロテープなどで仮止めにする。

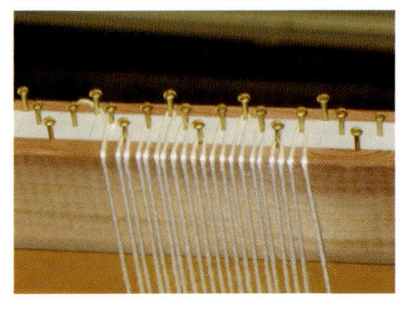

糸を釘に掛ける時の糸の流れ。

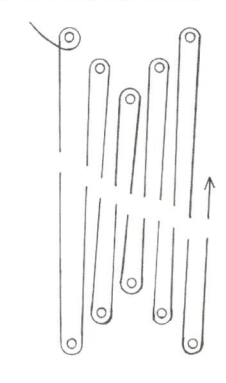

経糸を締め直し全体を均一のテンションにする。

最初と最後の糸は木枠にしっかりと結ぶ

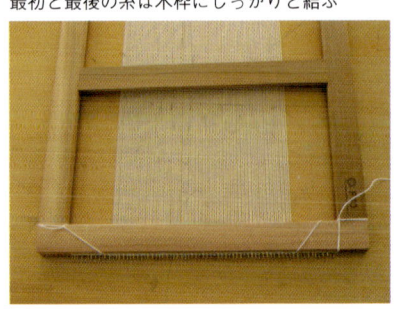

経糸を掛け終わった状態

2 糸綜絖を作る

織巾を3分割する。ワンブロックが長すぎると織りにくい。端から2本ずつ経糸をすくい、大スティックを立てる。

糸（綿・麻など丈夫な材質のもの、ここでは経糸と同じ素材）を写真のように置く。ワンブロックに必要な糸長さは木枠巾の約4倍弱。

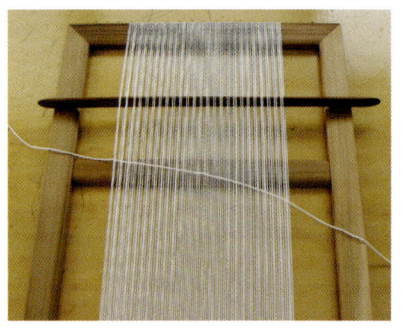

経糸と経糸の間から糸を引き出し、指3〜4本に巻く作業を繰り返す。糸の長さは均一に保つ。

ひとつ終わったら、始めの糸端と終わりの糸端をしっかりと結ぶ。2つ目が終わったところ。

116　さまざまな技法

用意した織出しの厚紙（H28cm × W2.5cm）2枚を交互に入れる。経糸の下から5～6cmは仕上げに必要な最低限の長さである。

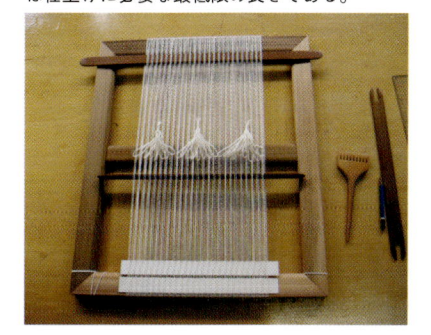

織

平織部分へデザイン画コピーをとじつける。

織の過程

織の完成。最後に地糸で0.5～1cm織る。糸端は仕上げ用に少し残す。または2～3cm織って後ろに折り返してまつる。

仕上げ

1 すくいとじ

すくいとじ終了後の糸端は抜けないように経糸か緯糸の間に入れ込む。下段はトワイニングの糸を取りはずし、木枠を天地逆にして右から始末する。上下がすんだら経糸6～10cm残してカットし、木枠からはずす。

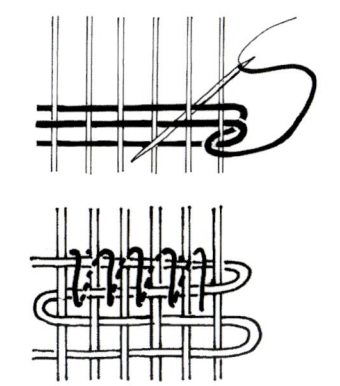

2 経糸の処理方法

作品の裏面から行う。下の写真の左端の最後の1本は上に上がらず下方に残るので、目立たぬように、織り上がった経糸の中に針で入れ込む。

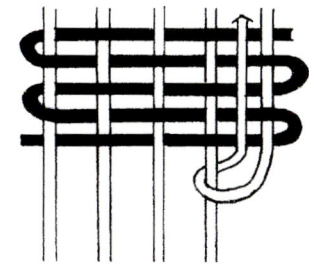

3 トワイニング（Twining）

木枠巾の約3倍の長さの糸を2等分して木枠をはさみ込み、いちばん端の経糸まで撚り、その後、下図のようにする。こうすることで経糸の間隔が安定して織りやすくなる。

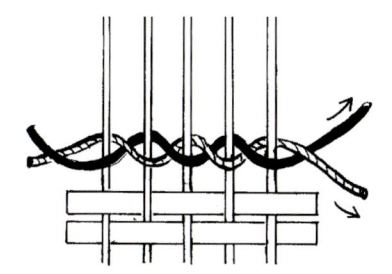

トワイニング

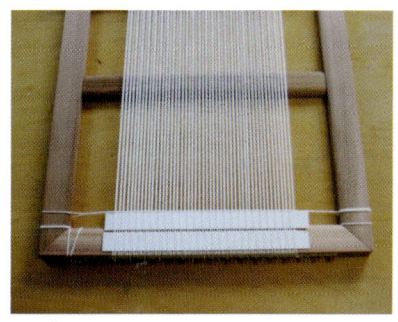

織準備完了

完成

制作：栗原真理

制作：阿野まゆ子

さまざまな技法　117

● 綴れ織（Tapestry weave）
綴れ織の基本技法は数多くあるが、ここでは 2 つのミニタペストリーの作り方を紹介しよう。初心者でもわかりやすく織りやすいよう、1 段に 1 つの技法でまとめる。

基本技法 1

綺麗な色の糸を眺めていると、時は春、野原、水ぬるむ、花畑などが浮かんでくる。色彩からのイメージと、綴れ織の技法から生じる線と形とを結びつけてデザインを考える。

　織っている時の裏面を出来上がりの表にする場合はデザイン画を逆転させるが、ここでは織っている時の表面を出来上がりの表として織り進めて説明する。

織計画
○仕上りサイズ：W10cm×H25cm
○使用糸：経糸はホワイトレーン16／6（リネン、ラミー各50％混紡）、緯糸はウール紡毛2／5.5
○経糸密度：約3本／1cm
○使用木枠：F8号

織準備
○経糸を釘に掛ける：2本・1本・1本を繰り返す。織巾10cm分の経糸28本に1本を加え、合計29本掛ける。糸の流れは図を参照。
○糸綜絖を作る：経糸は1本ずつすくう。
○厚紙を入れる
○トワイニング

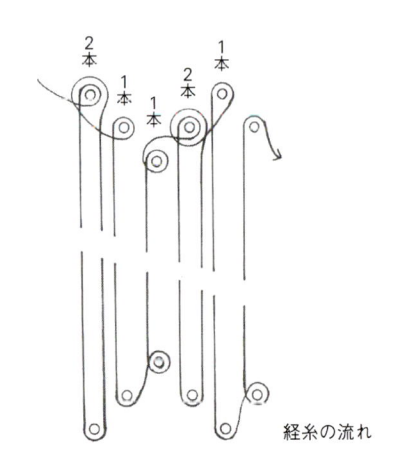

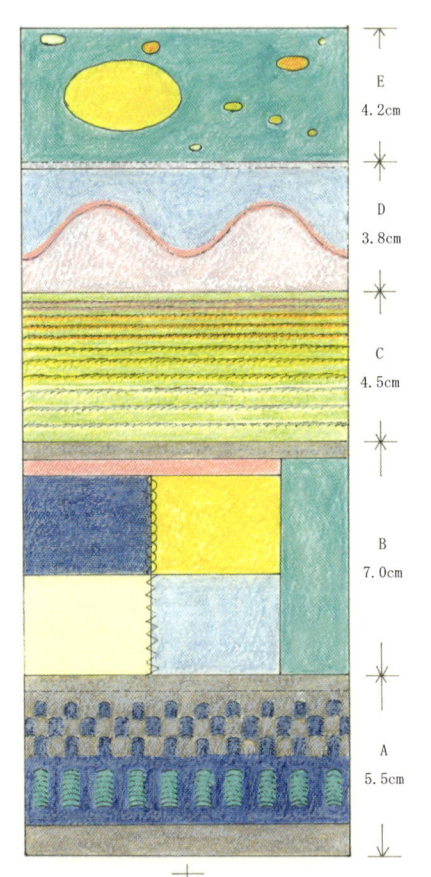

経糸の流れ

デザイン画

E 4.2cm
D 3.8cm
C 4.5cm
B 7.0cm
A 5.5cm

完成

使用糸

織

○縦ストライプのヴァリエーション

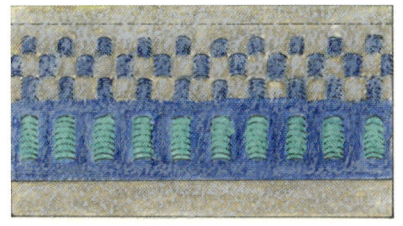

デザイン画のA部分

❶ 1段目：スティック（大）を起こすと経糸が上下に開くので、そこへ緯糸をアーチ状に入れる。スタートの糸端は仕上げ用に織巾の約3倍を残す。
2段目：糸綜絖を持ち上げスティック（小）を入れ、1段目と同様緯糸を入れる。以後繰り返す。

❷ 青色、緑色を1段置きに1cm織る。この時糸の入れる方向に注意する。糸は切らず、両端で絡ませながら続けて織る。

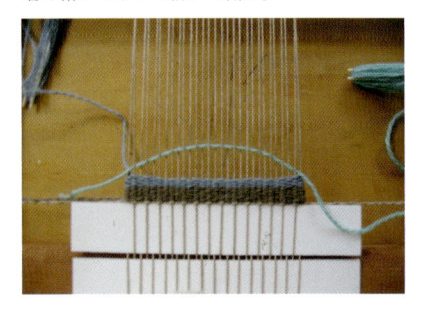

■アーチ状にした糸の打ち込み方。
アーチ状の緯糸のゆるみが少ないと上部を織るに従って段々織巾が狭くなり、経糸も見えやすい。アーチ角度は織巾により加減する。

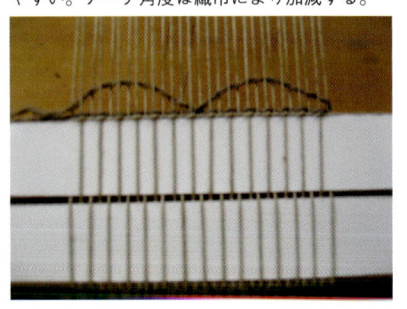

❸ パターンの位置を変化させながら織る。パターンの位置を変える時は、どちらかの色糸を2段続けて織る。

■経糸・緯糸とも朱色、黄色を1本ずつ交互に織る。上部はパターンの位置を変えている。

○スリットとインターロック

インターロックは色糸同士を接続する技法。経糸と経糸の間に交点が生じる。

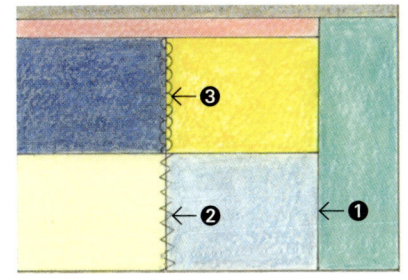

デザイン画のB部分

❶直線スリット（Straight slits）

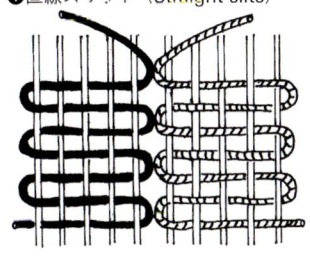

❷シングル インターロック
（Single interlocking）

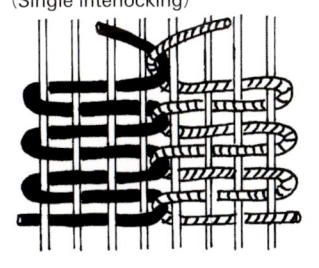

❸ダブル インターロック
（Double interlocking）この面が裏になる。

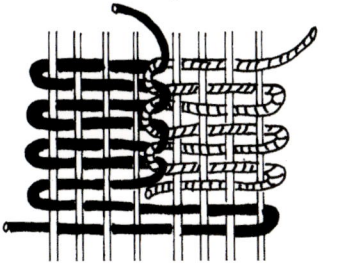

○横ストライプとグラデーション

デザイン画のC部分

デザイン画Aでは2色の糸を1段おきに織ることで縦の縞文様が表れる。ここでは同色を2段織ることによって横の縞文様が表れる。2色の糸は切らずに両サイドで絡ませながら織る。

○横に連続するモチーフとアウトライン

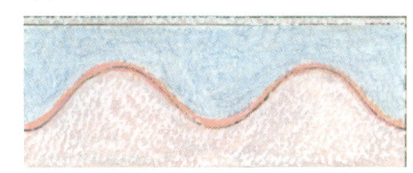

デザイン画のD部分

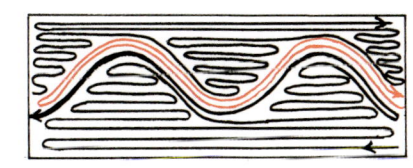

小さな形態が連続する場合は、1本の糸を続けて織るようにする。

❶1つ目の山を織り終える

❷2つ目を織り終える。

❸右側にある糸を山に沿って左側に移動。

❹アウトラインを織り、残りの上部を織る。

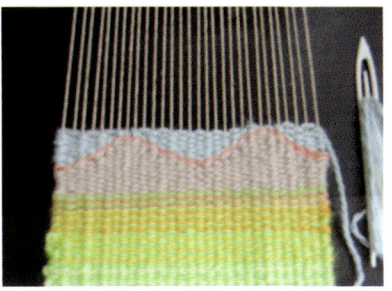

○点描法

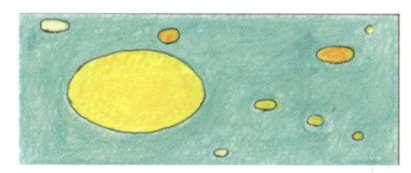

デザイン画のE部分

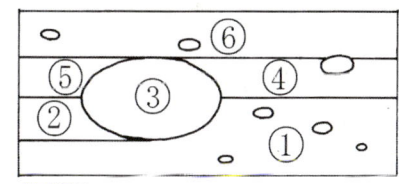

織る順番

❶いちばん大きなドット③の下まで織ったら、経糸にドットの輪郭線をマーカーで印をつけ、③以降を織る。

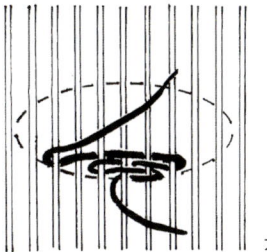

大きいドット

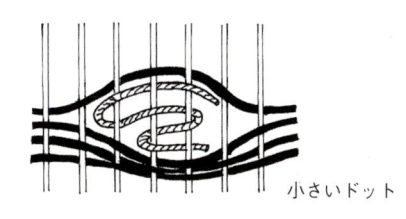

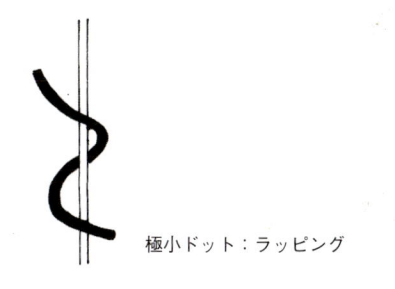

小さいドット

極小ドット：ラッピング

❷最終段は、スタートの時と同様に織巾の3倍程度の糸を残して右側でカットする。

さまざまな技法　119

仕上げ

上下すくいとじ後、木枠からはずす。
仕上げの詳細はノッティングを参照。

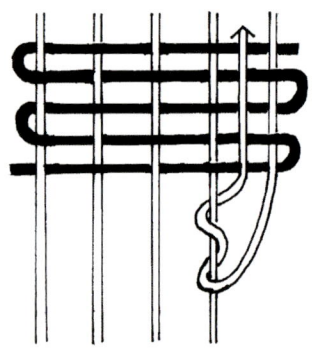

表面　　裏面

経糸の処理方法

上部仕上げ終了

裏面の処理の仕方

基本技法2

基本技法1とは大きく異なり、色彩は寒色を中心に、上部の三角形のトップが背景に吸い込まれていくようなイメージをデザインのポイントにする。

織計画
○仕上りサイズ：W 10cm × H25cm
○使用糸：経糸はホワイトレーン 16/6、緯糸はウール紡毛 2/5.5
○経糸密度：約 2 本/cm
○使用木枠：F8 号

織準備
詳細はノッティングと基本技法1の織準備参照。

1　経糸を掛ける。織巾分42本。
2　A、Bスティックで端から2本ずつ経糸を交互にすくい、織り出しの厚紙を入れる。ここでは、経糸2本を1本として考える。
3　糸綜絖を作り、トワイニングをしてスタートするまでは前に同じ。

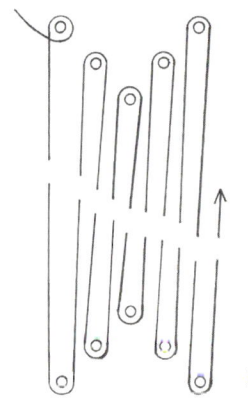

経糸の流れ

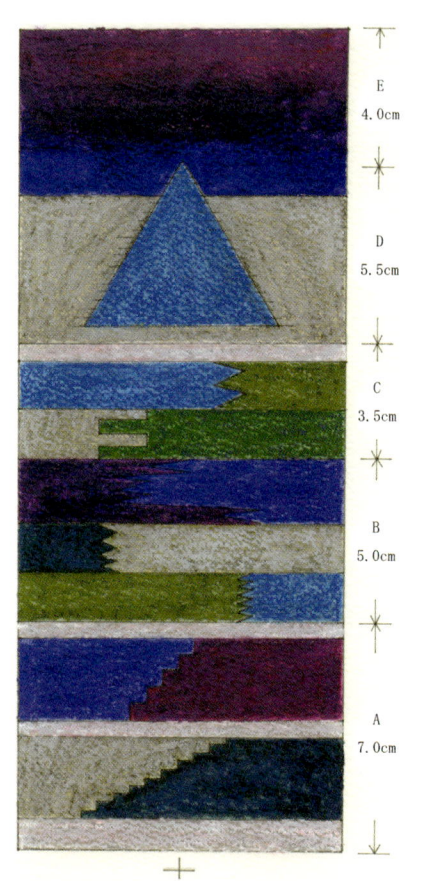

デザイン画

E 4.0cm
D 5.5cm
C 3.5cm
B 5.0cm
A 7.0cm

完成

使用糸

120　さまざまな技法

織

○スリット
糸同士を交差させないで織る。

デザイン画のA部分

❶6段ごとに経糸を1本ずつ右へ移動。
❷4段ごとに経糸を1本ずつ右へ移動。段数の増減によって角度の異なる斜線が生まれる。

○経糸を利用する接続法

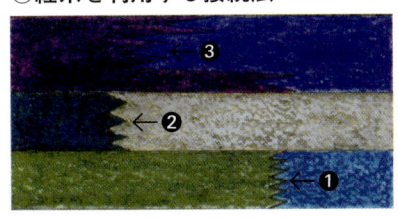

デザイン画のB部分

❶櫛歯形（Dovetailing）

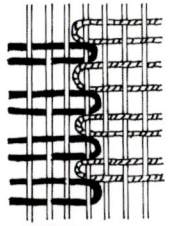

❷鋸歯形（Dovetailing）

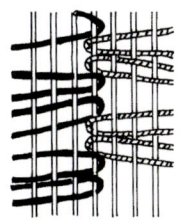

❸イレギュラー・ダブテイリング（Irregular dovetailing）

○経糸の位置をずらす接続法
互いの糸を接続していないが、経糸の位置をずらすことにより直線のスリットが生じない。

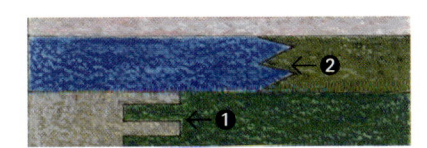

デザイン画のC部分

❶煉瓦状（Brick joining）

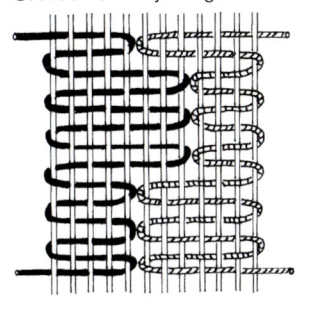

❷ジグザグ状（Zigzag junction）

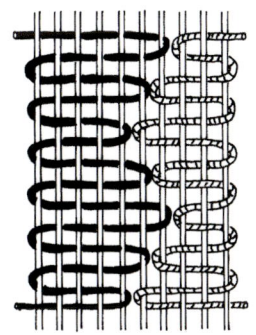

○三角形とダブテイリング

デザイン画のD部分

❶印（下図）に従って順次経糸を減らして織る。

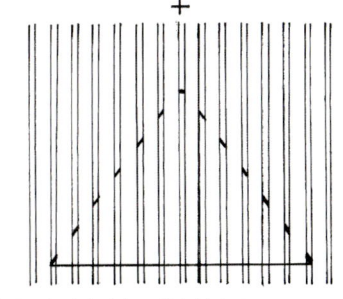

中央の経糸を中心に印を付ける。

❷1段目 糸の入れる方向に注意。

❸地糸と三角形との接点はダブテイリングの1往復で織る。

❹頂点付近のバックはぼかし技法で織る。経糸が1本になったらラッピング（参照p.119）。

❺三角形の頂点まで織ったら、地糸で2〜3段織る。

○混色法によるぼかし
ノッティングのぼかし表現にも応用できる

デザイン画のE部分

❶糸を割る。割った糸を1とする。

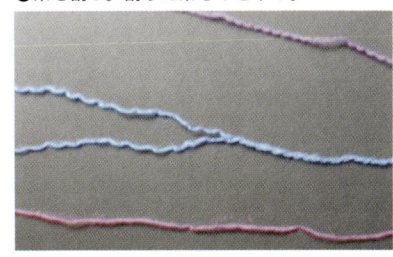

青色	:	紫色	:	ピンク色		
2	:	2			→	10段
1	:	3			→	8段
0	:	4			→	5段
		3	:	1	→	4段
		2	:	2	→	3段
		1	:	3	→	3段

❷上の表の組み合わせで糸を作り、織る。

❸それぞれの織る段数は、デザインの面積により決める。

❹最後は割らない状態の糸で約5mm織り、全体の長さを25cmに調整して全部織り終える。

仕上げ
仕上げはノッティングの項と基本技法1参照。

さまざまな技法 121

●チューリップを綴れ織で織る
チューリップをテーマにスケッチからデザイン、色彩計画、織手順まで順を追って紹介する。

ドローイングからデザイン、色彩計画
1　デザイン原画を見ながら、その色彩を糸に置き換える。
2　カラーチャート、糸によるカラーチャートなども参考にする。
3　デザイン画は2枚カラーコピーし、1枚は和紙などで裏打ちする。
4　この作品では緯糸2本取りで織るので、色の組み合わせも考え、カラーコピーの1枚に色糸を貼っていく。

織計画
○仕上りサイズ：W18cm×H24cm
○技法：ダブテイリング1往復。スリット
○使用糸：経糸はホワイトレーン16／6、緯糸はウール紡毛糸2／5.5を2本取り
○経糸密度：約2本／1cm
○使用木枠：F10号

織準備（詳細はノッティングの項参照）
1　経糸を掛ける。釘1本に対して2本ずつ合計74本が木枠の中央に掛かるようにする。
2　糸綜絖を作る。経糸は2本ずつ。
3　厚紙を入れる。
4　トワイニング。
5　トワイニング後、経糸と同じ糸で7～8mm織る。すいたてを使って緯糸をしっかりと打ち込む。

使用する色糸

ドローイング

色彩計画

6　織った所に、裏打ちしたデザイン画のコピーを糸でとじつける。デザイン画と経糸の中央を合わせる。

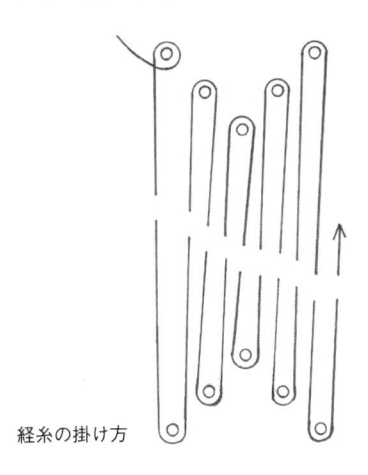

経糸の掛け方

織準備完了

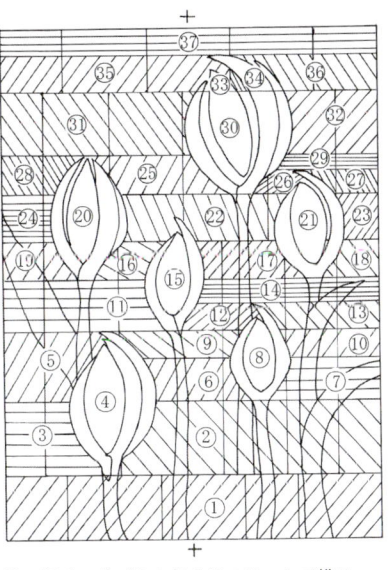

織る順番　花びらの部分はスリットで織る

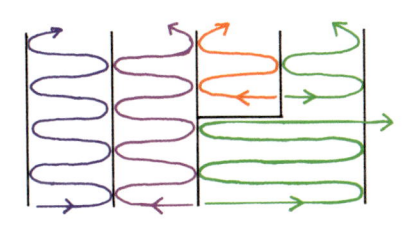

糸の入れる方向と動き。糸が途中で新しく加わる時は、糸の方向を一部変える必要がある。その場合、方向を変える糸を切って逆方向から入れ直す。

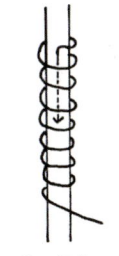

細い線は経糸1本にラッピング

織

1　最初に緯糸を入れる時、方向に注意する。

2　2段目以降、糸は左から、あるいは右からと決めて織り進むと色糸同士の重なりがくずれない。

3　この作品のように細かい部分を織る時は、すいたてより小さいフォークで緯糸を打ち込むと織りやすい。横1列に高さが揃った時にすいたてでしっかりと打ち込むときれいに整う。

仕上げ

スタートの時と同様に経糸と同じ糸で5段程度織る。このように小さいタペストリーで、1段目から経糸が細分化されているデザインの場合は、前後数段平織を織って落ち着かせると仕上げがスムーズにできる。

　すくいとじは、経糸よりも細い糸を使う。すくいとじ終了後の経糸の処理は基本技法2と同じ。

完成作品

さまざまな技法　123

●その他の経糸の掛け方

作品や素材によっては、経糸を見せる織を選びたい時がある。小さくても工夫により多様な展開が楽しめる経糸の掛け方を紹介しよう。

経糸の掛け方（1）

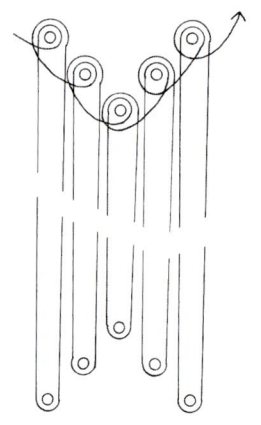

釘に対して2本ずつ掛ける。木枠の上下に糸が真っすぐに掛かる。
経糸を1本ずつすくって織る場合の経糸密度は約5本／cm。

経糸の掛け方（2）

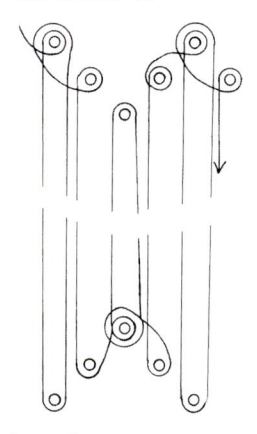

釘に2本、1本、2本、1本と繰り返し掛ける。経糸を1本ずつすくって織る場合の経糸密度は約4本／cm。

完成作品

テーブルマット
経糸はリネン16／2　リネン、綿混紡糸。
緯糸はリネン16／2

インレイ（Inray）技法の1例

経糸はリネン16／2、金糸引き揃え。緯糸はウール2／5.5、リネン16／2

織サンプル
経糸・緯糸はリネン16／2。
黄緑色はリネン16／1を2本取り

経糸：リネン16／2、金糸引き揃え。緯糸：ウール1／5.5、リネン16／2

作品紹介　　　　　　　　　　　　　　　　　　　　　　　　　　　高橋稔枝

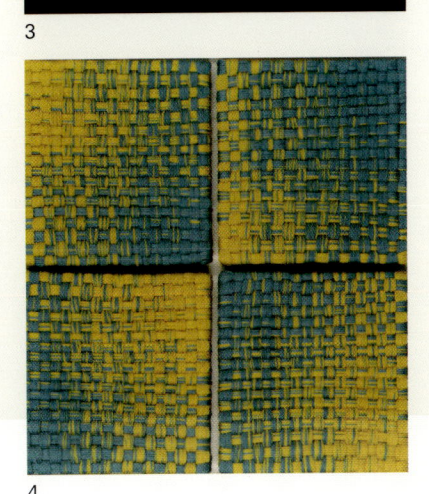

1〜4　木枠によるミニタペストリー
1　「O-W-3」
1995　素材：ウール　綴れ織
2　「冬の陽」
1998　素材：ウール　綴れ織
3　「早春」
2003　素材：ウール　ノッティング
4　「移動する色彩」
1999　素材：綿糸　糸の引き揃えによる平織
5　「Please don't forget！m-8」
2002　素材：綿糸、麻布、新聞　縫い、コラージュ、オリジナル
6　「傷ついた者たちへ B」
2004　素材：綿糸、麻布、新聞　縫い、コラージュ、オリジナル　撮影：桜井ただひさ
7　「Bon voyage the Love 05-04」
2005　素材：綿糸、麻布、新聞　縫い、コラージュ、オリジナル　撮影：桜井ただひさ
8　「夢」　大阪市立美術館
1983　W180×H200cm　素材：手紡ぎウール　綴れ織、ノッティング

さまざまな技法　125

9

9 「Bon voyage the Love 05-03」巷房
2005　素材：綿糸、麻布、新聞　縫い、コラージュ、オリジナル　撮影：桜井ただひさ
10 「時の継続」千疋屋ギャラリー
1995　素材：綿ロープ、ラミー麻　二重織の展開　撮影：末正真礼生

10

126　さまざまな技法

4-4
フェルト

田中美沙子

●フェルトの歴史

フェルトは不織布と呼ばれ、織物より前に作られていた。メソポタミア文明が羊の文明とも言われるように、人間と羊の関係は一万年も前から続いている。もっとも古いフェルトは西アジアのトルコ・アナトリア地方の遺跡で発見され、中央アジアのアルタイ山麓の凍土地帯からも数多くのフェルト製品が出土している。日本の正倉院には、中国・朝鮮を経て渡来した敷物が数多くあり、江戸後期にも中国からの技術者が渡来し作り方を伝えた。明治に入り機械導入とともに工場で生産するようになり、現在では建築の断熱材、フェルトペン、インテリア雑貨、ファッション、ハンドクラフトの素材として多方面に使われている。

●フェルトの構造

フェルトは羊毛・獣毛から作られ、綿、絹、麻には見られない特徴がある。それはスケール(Scale)と呼ばれる鱗状表皮と、クリンプ(Crimp)と呼ばれる巻熟である。クリンプは波状の「ちぢれ」のことで、この2つの特徴は羊毛の縮絨性、弾力性、伸縮性、保温性、可塑性、膨潤性と深くかかわり、フェルトを作る重要な要素となる。遊牧民の住居であるパオはこれらのフェルトの特性を生かしたすぐれた構造を持ち、「フェルトによるすばらしい産物」と言われる。

羊毛の種類と特徴

品種	平均毛長(cm)	実測直径(ミクロン) 品質番手('S)	特徴
メリノ Merino	3.8〜12	17〜23ミクロン 100〜60'S	クリンプは細く 縮絨性はもっとも高い
ポールワス Polwarth	7.5〜12	23〜26ミクロン 60〜58'S	メリノに近い毛質 柔らかい、メリノとリンカーンの交配
コリデール Corridale	15〜20	26〜33ミクロン 58〜50'S	柔らかく光沢がある メリノとリンカーンとレスターの交配
ロムニー Romney	10〜22.5	30〜36ミクロン 50〜40'S	弾力のある風合いができる 長さ、太さがある

(ジョリー・ジョンソン著『フェルトメーキング、ウールマジック』青幻舎より引用)

遊牧民の住居パオ

ノルウェーの現代的なパオ

❶自由な書体で名前を書く。

❷別の色で書体を重ねる。

❸さらに色を重ね、図形なども描き加え、指で混色しイメージを広げる。

❹何箇所かトリミングし、1枚の画用紙に貼る。

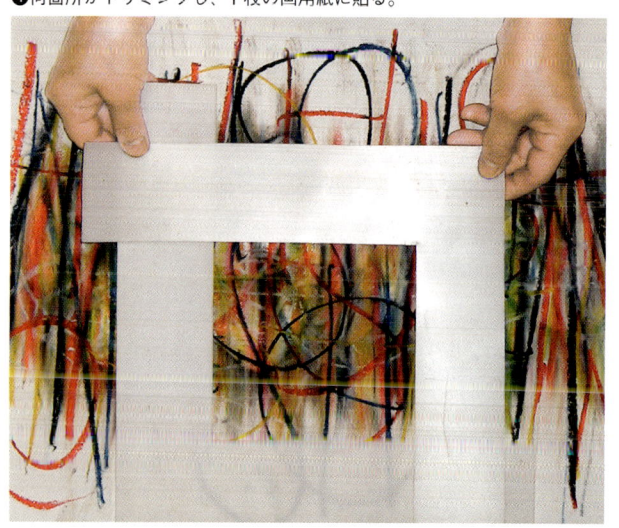

●ドローイングからフェルトへ

物を作ることで大切なのは、じっくり観察し、触れ、感動する心である。これは「点・転・展」の言葉で言い表すことができる。「点」は漠然としたイメージが思い浮かぶことである。「転」は、イメージに経験や知識を加え、どう「転」がしていくか。「展」は、既成概念を破り、創造的な「展」開を考える。これらはデザインにおいての発想と展開の基本である。

　ローケツ染の項（参照 p.39）と同様に消失・変容をテーマに、「名前」のドローイングを、トリミングあるいはフロッタージュしてデザインを決め、フェルトによる表現を大胆に展開しよう。

❺その中の1枚をフェルトに表現する。

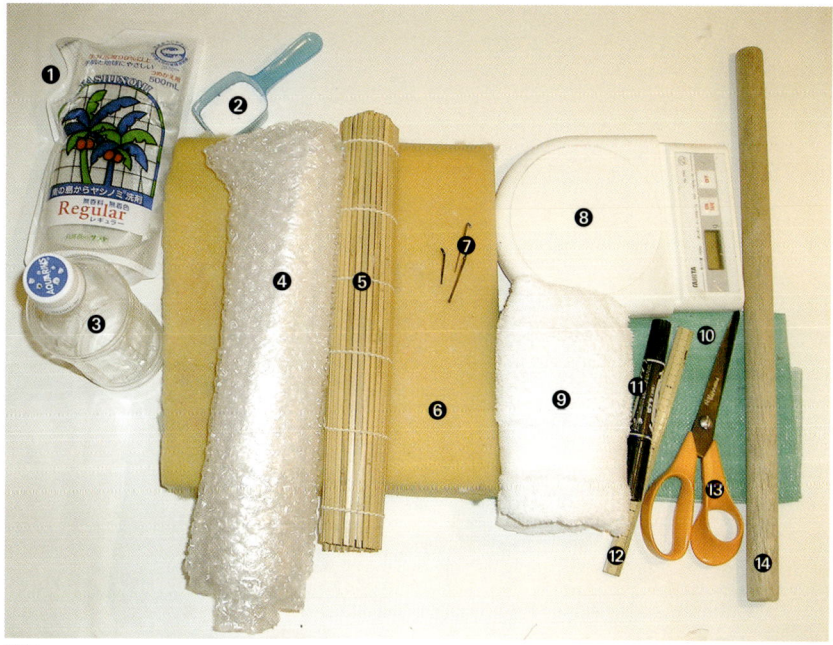

道具

❶液状洗剤20cc/ℓ（台所用中性洗剤）
❷粉せっけん3〜5g/ℓ
❸ペットボトル（500cc・蓋に数個穴を開ける）
❹エアーパッキング2枚（フェルトの出来上がりサイズ＋15〜20cm）
❺簀子
❻ウレタンまたは硬めの発泡スチロール
❼ニードル針　❽秤　❾タオル
❿ネット（グラスファイバー繊維）
⓫油性ペン　⓬定規　⓭鋏
⓮木の棒（直径3cm）

● フェルトで作る平面

○材料：ベースはロムニー80g。上面用はメリノ20〜40g
○サイズ：40×40cm

❶エアーパッキングに縮み分を加えたサイズを書き込み、ベース用原毛を4等分する。

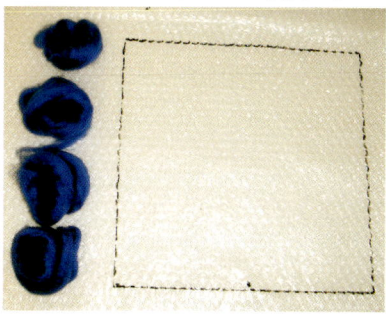

❷ひとつを手で薄く伸ばしてちぎり1層目を作る。左右上下に重ねながら均一に置く。

❸2層目は繊維の方向を1層目に対して直角に置く。層ごとに方向を変える。

❹毛糸やプレフェルトで最上層（4層）にデザインした色、形などを再現し、ネットを上にかぶせる。

❺洗剤が入ったお湯をペットボトルなどに入れ、ネットの上から全体にふりかける。

❻両手でつぶして空気を抜き、エアーパッキングの蓋をかぶせ、少し洗剤をかけすべりやすくする。

さまざまな技法　129

❼エアーパッキング上から両手を滑らせ繊維を絡ませる。

❽指で原毛をつまみ上げ縮絨具合をみる。表の縮絨がよければ、いちばん下に敷いたエアーパッキングごと裏返し、裏も同様にする。

❾全体をたたみ余分な水分を絞る。

❿裏側に返し文様を下にする。棒に巻きつけて手前からエアーパッキングとともにきっちりと巻く。

⓫紐で両端を縛ったものを両腕で転がす。ローリングは50回ほど。

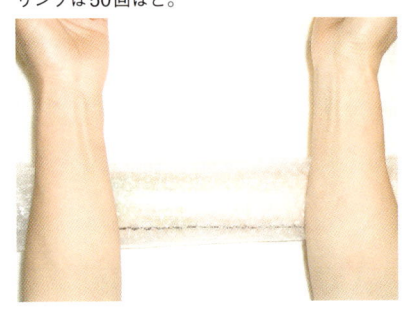

⓬エアーパッキングをはずして表に返す。巻き込みの方向を変え他の三辺も同様にして均等に圧力を加え、その後、タオルに直接巻き縮絨を加える。

⓭軽く水洗い洗剤を落とす。洗濯機で1〜2分脱水する。丸棒で全体を伸ばして形を整える。

完成

● 布フェルトの作り方

ベースになる薄手の布と他の繊維（布、糸）をジョイントして表情のある薄手の布フェルトを作る。

○材料：ベースの布は綿布・絹・オーガンジー。原毛はメリノ。ジョイントする布はネット・ガーゼ・絹オーガンジー・ポリエステル・糸

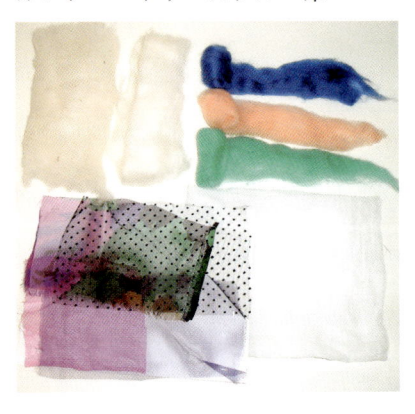

❶エアーパッキングの凸面を下に、滑らかな面にベース布のサイズを記す。原毛をランダムに薄くちぎり置く。この面が布の裏面となる。

❷裏面が終了したら、その上にベースの布を置く。表面のデザインを考える。

❸表面は他の繊維をジョイントし、裏面より多めに原毛を置く。

❹洗剤入りの水をネットの上からかける。布フェルトは、縮絨を遅くするために水を使う。

❺エアーパッキングの蓋をし、全体を手でつぶし空気を抜く(参照・フェルトで作る平面)

❻棒を手前から入れきっちりと巻き込む。

❼余分な水分は取り出す。

❽紐で結び両手で転がす(参照・フェルトで作る平面)。ローリングは100回。裏側に返し反対側から巻き、同様に転がす。

❾布をつまみ縮絨を見る。足りなければさらに加える。

❿布の文様を内側に丸め、約30回叩きつける。

⓫お湯の中で揉み洗い後、部分的に揉んだり、タオルに直接巻き方向を変えて転がし表情を作る。

布フェルト

さまざまな技法　131

プレフェルトを水玉文様に使ったポシェット

● プレフェルトを文様に使ったポシェット

プレフェルトとは柔らかい縮絨のフェルトのことを言う。プレフェルトを水玉文様に使ったポシェットを作る。
○材料：プレフェルトはメリノ10g。ポシェットはメリノ40g
○サイズ：プレフェルト・20×20cm、ポシェット・30×30cm

❶ 20×20cmのメリノ約10gを簀子の上に置く。

❷ 洗剤入りのお湯をかけ、手前にビニールを入れる。全体をつぶし巻き込む。その後、タオルを巻き、10から15回転がす。裏も同様。

❸ 好みの文様に鋏で切る。

❹ 縮み分をプラスしたポシェットの型紙をエアーパッキングで作る。ベースになるメリノ40gを2つに分ける。片面をA、もう片面をBとする。

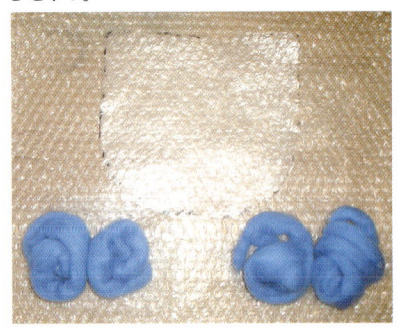

❺ 外側になる水玉文様（プレフェルト）をA面に置き、裏返して反対側のB面も同様にする。A面にベース原毛（メリノ・青）の半分を型紙から2cmはみ出して全体に置く。

❻ 裏返し、はみ出した部分を内側に返す、襞が重ならないように。B面も同様。

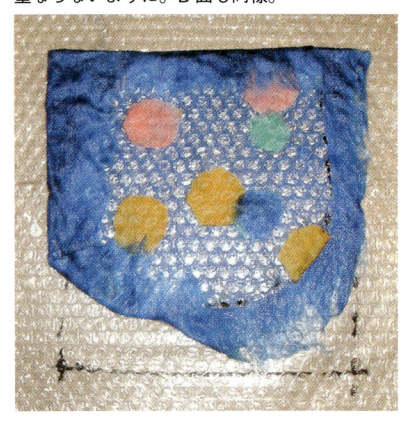

❼ A面に、2つに分けたうちの残りの原毛を、繊維の方向に直角に乗せ軽く縮絨する。B面も同様。

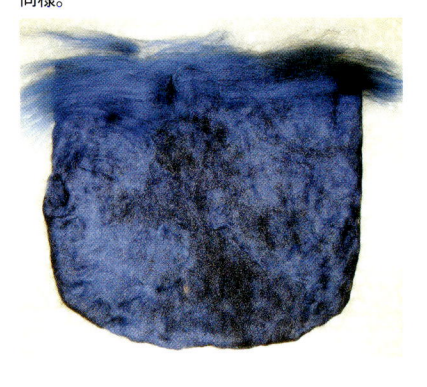

❽ A面、B面のベースを置き終えたら平面の時と同様に全体に縮絨する。

❾ 縮絨が十分なら、ポシェットの入り口になる面を型紙ごと1cm程度鋏で切り、型紙を取り出す。

132　さまざまな技法

❿アウトラインをこすり消す。

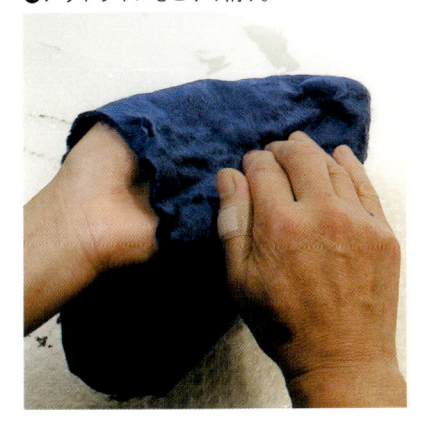

⓫裏側に返し表を出す。

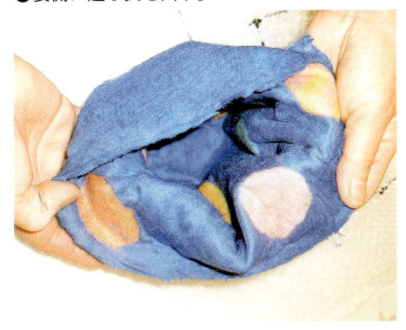

⓬棒に直接巻き、巻き込む方向を変えながら縮絨する。

⓭縮絨が足りない時はさらに加える。入り口を棒で叩き薄く強くする。目打ちで穴を開け、紐を両側から通す先端の結び目を原毛で飾る。

ニードルフェルト

●ニードルフェルトの作り方
○材料：ウレタンまたは発泡スチロール板、ニードル針1本、集合用6本。

道具

❶ハートのイメージをドローイングする

❷ウレタンまたは発泡スチロール板にベースの原毛を厚めに乗せ、針でおおざっぱに刺してベースを安定させる。

❸手の中で作ったハートの固まりをベースの上に乗せ、ニードル針で刺す。針を垂直に深く刺すと固くなり、斜めに刺すと柔らかな効果が出る。

❹表面に乗せる色を指で薄くちぎり混色する。

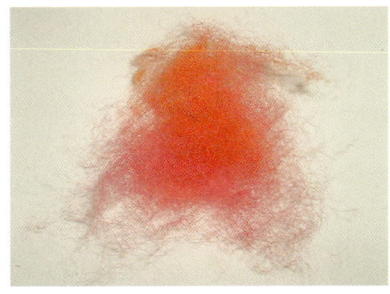

❺ベースの部分も全体のバランスを見て色を加える。ハート形の脇に紐状の模様を加えて完成。

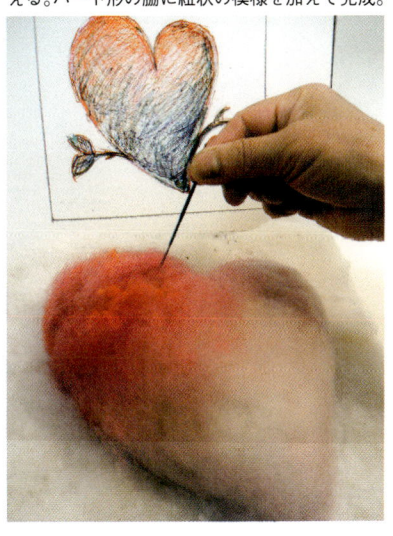

さまざまな技法　133

●フェルトを纏う

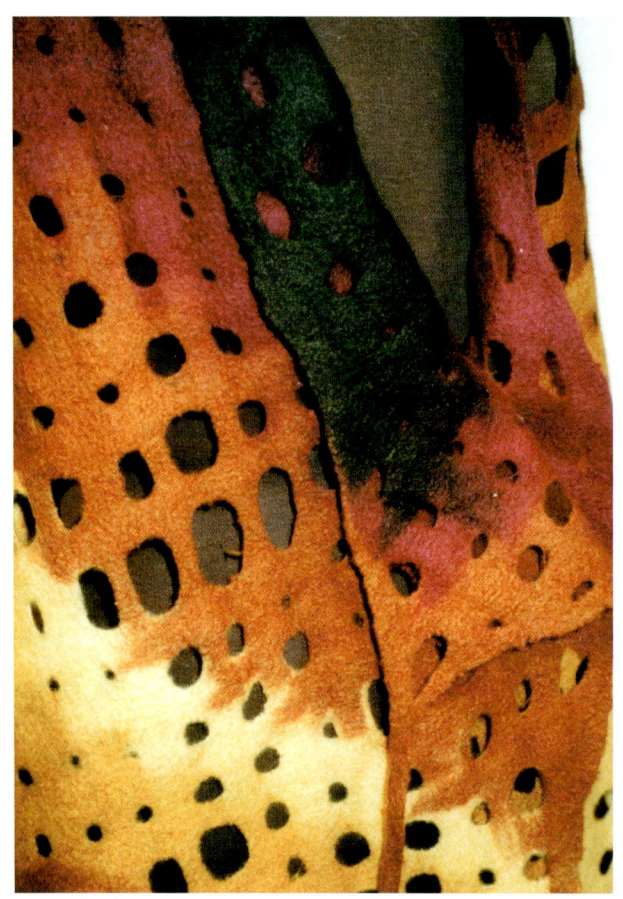

コート（部分）　フェルトフェスティバル・ノルウェー　2000

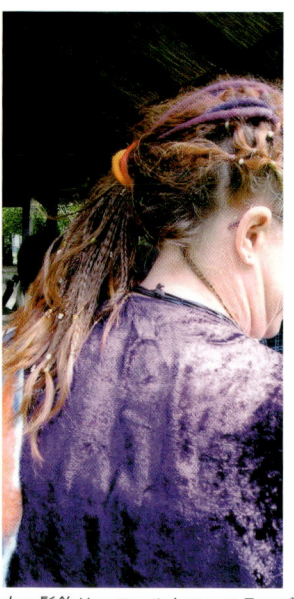

左：髪飾り　フェルトフェスティバル・ハンガリー　2004
右：ロングポンチョ　フェルトフェスティバル・ノルウェー　2000

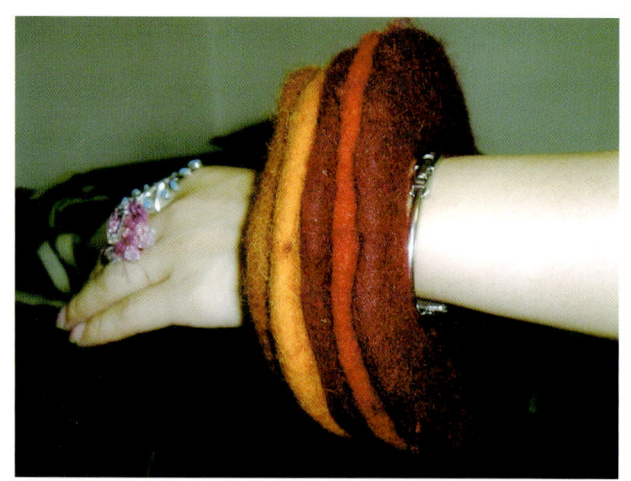

ブレスレット　フェルトフェスティバル・ハンガリー　2004

帽子　フェルトフェスティバル・ハンガリー　2004

ポンチョ　フェルトフェスティバル・ノルウェー　2000

| 作品紹介 | 田中美沙子 |

1 「CUSCO」
1987　撮影：山本糾
直径25cm　素材：羊毛、綿ロープ

2 「RUINS」
1993　撮影：山本糾　W30cm・楕円
素材：羊毛、シュロ繊維、石、綿糸

3 「浮遊するフェルト」
1999　撮影：末正真礼生
W250×H250cm　素材：羊毛、鉄線

4 「COLONY」
1998　W90×H130×D10cm
素材：羊毛、綿布、鉄線

5 「FELTING WORKS」
1989　撮影：山木糾
W300×H160×D10cm　素材：羊毛

6 「WORK'95」
1995　W80×H50cm　素材：羊毛、毛糸

7 「かお」
2002　W30×H35×D8cm
素材：羊毛、ニードルフェルト、針金

さまざまな技法　135

5章
色彩研究と表現技法

5-1 色彩研究と表現技法
5-2 コンピュータによるテキスタイルデザイン

5-1

色彩研究と表現技法

中島良弘+鈴木純子

●色彩研究

色は無彩色と有彩色に分けられる。無彩色は、白と黒、およびその2色の間に存在するグレーを言う。有彩色は無彩色以外の色を指し、少しでも色味が加わった色は有彩色である。

色の三属性

色には色相、彩度、明度の3つの要素があり、これを色の三属性、もしくは三要素と言う。色相とは、色味（赤み、黄み、青みなど）を指し、彩度は色味の鮮やかさ、そして明度は色の明るさ、暗さのことを言う。

カラーハーモニー（Color Harmony）

色は単色でもイメージを持つが、2色以上の色を組み合わせることによって、様々な効果を出すことができる。色の三属性（三要素）や面積の対比、色相距離をバランスよく配色することによって色彩の調和が得られる。

配色（Color Combination）

配色を考える時は次にあげる色相とその効果を考えよう。

○同一色相（Monochromatic）
ひとつの色の明度変化による組み合わせの配色。

○類似色相（Analogous）
類似色の組み合わせによる配色。融和の効果がある。

○補色色相（Direct Complement）
補色の組み合わせによる配色。対照の効果がある。

○類似と対立の色相(Split Complement)
3色による配色の場合、その中の1色を基準にして、その色の補色の両隣の色を選ぶ方法で、統一感が得られる。色相環上で二等辺三角形に位置する3色の配色となる。

○類似と対立の色相（Double Split Complement）
4色の配色で、基準となる色の両隣の2色と、その2色に対する補色を組み合わせる。この場合、基準となる色は4色の配色には含まれない。

○3色相間隔（Triads）
色相環を三等分した色の組み合わせ。色環上で正三角形に位置する3色の配色。

○4色相間隔（Tetrads）
色相環の四等分配色。色相環上で正方形、矩形に位置する4色の配色。

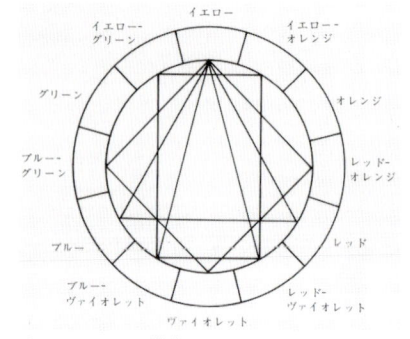

カラーコードの構造
（ヨハネス・イッテン）

12色環（ヨハネス・イッテン）

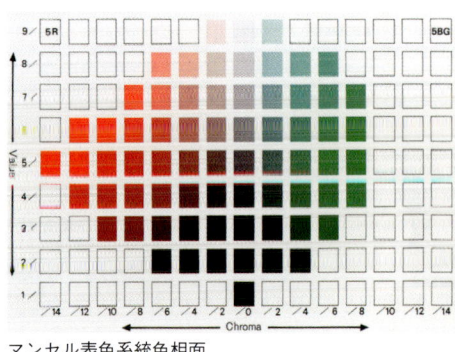

マンセル表色系統色相面

マンセルカラーツリー

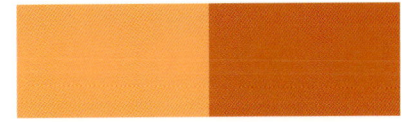

同一色相

類似色相

補色色相

類似と対立の色相（3色）

類似と対立の色相（4色）

3色相間隔

4色相間隔

彩度変化

○チント（Tint）
白を混色し色調を薄めること。
○シェイド（Shade）
黒を混色し色調を濃くすること。
○トーナル（Tonal）
同明度のグレーを混色し色調を濁らせること。
○補色（Complementary）
対応する補色を混色し彩度を変化させること。
○モノクローム（Monochrome）
同明度の無彩色に置き換えること。

彩度変化なし

チント40％

シェイド40％

トーナル50％

補色40％

モノクローム

明度比率と面積対比

すべての色には明度がある。ゲーテは12色環のイエローを頂点とした正六角形の角に当たる各色の明度比率を次のように定めた。

イエロー9：オレンジ8：レッド6：ヴァイオレット3：ブルー4：グリーン6

さらに、これら6色の明度比率の逆数を用いることで、調和のとれた色面の比率を導き出し、面積対比の比例を次のように定めた。

イエロー3：オレンジ4：レッド6：ヴァイオレット9：ブルー4：グリーン6

補色をなす2色の調和のとれた面積比

イエロー：ヴァイオレット
＝ 3：9 ＝ 1/4：3/4

オレンジ：ブルー＝ 4：8 ＝ 1/3：2/3

レッド：グリーン＝ 6：6 ＝ 1/2：1/2

ただし、これら調和のとれた面積対比の比例は全色相がもっとも高い彩度を持つ純色の場合にのみ有効であり、明度が変われば自ずと調和のとれた色面の大きさは変化する。つまり明度と色面の大きさには密接な相関関係があり、明度比率と面積対比の関係を応用することで調和のとれた配色が可能となる。

調和のとれた面積対比の色環
（ヨハネス・イッテン）

●表現技法

実際に絵具を使ったテキスタイルデザインの表現技法を考えよう。ここでは「チェック」「引っ掻き」「ゴム液」「ステンシル」「ブリーチ」の5つの技法を紹介する。チェックやストライプを描く時は溝引きで彩色することになるので、そのテクニックを身につけよう。

溝引きによる彩色の方法（右利きの場合）

1　箸を持つ要領で絵具をつけた筆とガラス棒を同時に持つ。

2　溝引き定規は溝があるほうを上にし、左手で溝引き定規の中央部分をしっかり押さえる。

3　溝にガラス棒をあて、筆先を画面につけ、静かに左から右へ溝に沿って滑らす。ガラス棒が滑りにくい時は溝にロウを塗る。

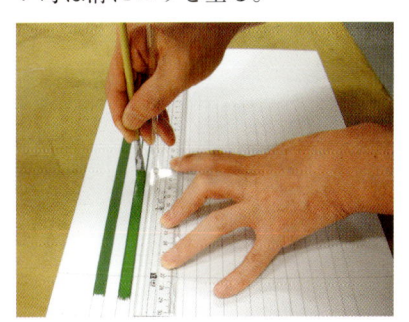

用具

❶クレヨン
❷カラーインク
❸ゴム液
❹ポスターカラー
❺ペーパーパレット
❻ぼかし網
❼平筆
❽面相筆
❾パレットナイフ
❿ガラス棒
⓫摺込刷毛
⓬鉄筆
⓭マスキングテープ
⓮溝引き定規
⓯スワンペーパー

引っ掻き

1　ケント紙にクレヨンでドローイングをする。

2　ペーパーパレットにポスターカラーを出し、シンナーを加えながらパレットナイフで手早く溶く。ポスターカラーがシンナーをはじかなくなるまで混ぜる。

　シンナーを使う時は、換気に十分注意し、引火の恐れのあるものは絶対に近づけない。

3　シンナーで溶いたポスターカラーをドローイングが見えない程度に平筆で均一に塗る。

4　画面が乾いたらパターンをトレースし、鉄筆で削る。❸

チェックを描く

1　ケント紙にポスターカラー2色（A色・B色）による1cm幅の等幅ストライプを溝引きする。❶

2　彩色された画面上にスワンペーパーを広げ、軽く掌で延ばす。

3　ストライプと垂直方向に1cm間隔でスワンペーパーをカッターナイフでカットする。ただし、スワンペーパーの上部は繋がった状態になるようカットする。スワンペーパーは薄いので、軽くカットし、ケント紙を同時に切らないように注意する。

4　カットされたスワンペーパーをひとつ飛びに剥がす。❷

5　A色を摺込刷毛に含ませ、B色の上をA色と同じ分量に見えるように垂直に軽く叩く。

6　画面が乾いたら剥がしたスワンペーパーをもとに戻し、もう一方のスワンペーパーを剥がす。

7　B色を摺込刷毛に含ませ、A色の上をB色と同じ分量に見えるように垂直に軽く叩く。

8　画面が乾いたらスワンペーパーをすべて剥がす。❸

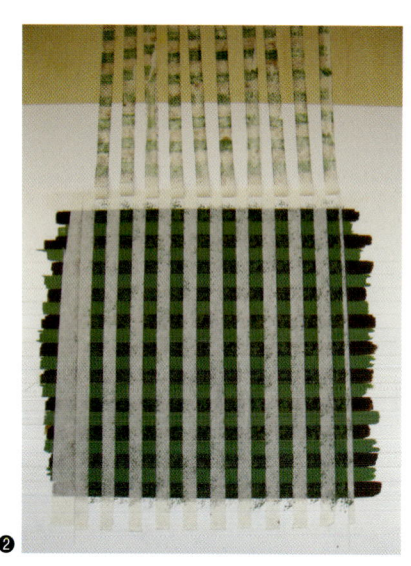

ゴム液で描く

1 中性洗剤を染み込ませた筆にゴム液をつけ、ケント紙にパターンを描く。
2 ゴム液で描いたパターンの上からカラーインクでドローイングをする。
3 画面が乾いたらゴム液をゆっくりと引っ張りながら剥がす。剥がしにくい時はラバークリーナーを使う。
※ゴム液を筆に直接つけると、凝固したゴムが筆に絡み、洗い落とせなくなる。

ステンシル

1 ケント紙かユポトレース®にパターンを切り抜いて型紙を作る。❶
2 型紙をケント紙中央の上に置き、ずれないようにマスキングテープでケント紙に固定する。
3 ぼかし網を型紙の上にかざし、ポスターカラーを含ませた摺込刷毛で勢いよく摺る。❷
4 霧状のポスターカラーでパターンが適当な濃さに彩色されたら型紙をはずす。❸

ブリーチ

1 ケント紙にカラーインクでドローイングをする。
2 画面が乾いたら漂白剤をつけたナイロン筆でトレースしたパターンを描く。
※動物毛の筆は漂白剤に溶けるので使わない。塩素系漂白剤と酸素系漂白剤を混ぜると猛毒の塩素ガスを発生するので絶対に混用しない。

色彩研究と表現技法

5-2
コンピュータによるテキスタイルデザイン

中島良弘

現在では、あらゆるデザイン領域においてコンピュータが使用されている。テキスタイルデザインの分野も例外ではない。ひと昔前まではテキスタイルデザインの図案はそのほとんどが手描きだったが、近年になるとストライプやチェックなどの直線的なデザインだけでなく、複雑な花柄や抽象的な幾何柄までコンピュータで表現できるようになった。一方で、コンピュータのOS（オペレーティング・システム）のバージョンアップのたびに最新のアプリケーション・ソフトウェアが必要となり、またメニューバーなどの表示が変更され操作方法が変わるという弊害も繰り返されている。しかし、デザインデータのやり取りだけで印刷可能なインクジェットプリンタや機織可能なコンピュータジャカード機の登場は、デザインの多様化だけでなくテキスタイルそのものの制作をより直感的で身近なものとした。

ここでは、コンピュータのグリッドデザインをテキスタイルデザインに展開する手法と、デザイン案を実際の商品や空間に展開する例を中心に説明し、同時にコンピュータで花とストライプを描く方法と、彩度変化、イメージ・シミュレーションの手順を紹介する。使用するOSは「Mac OS X」。ソフトウェアは「Adobe Photoshop CS」。

●グリッドをテキスタイルデザインに展開する／グリッドによる図像変換
1　フォトショップを立ち上げ、任意の画像をRGBカラーで読み込む。
2　＜ツール＞パレットから「長方形選択」ツールを選択し、＜オプション＞パレットの「スタイル」を「縦横比を固定」にし、幅を「3」、高さを「4」と数値を入力する。
3　読み込んだ画像から必要な箇所をドラッグして選択し、メニューバーの＜イメージ＞から＜切り抜き＞を選択する。TIFF形式で「保存」する。
4　メニューバーの＜イメージ＞から＜色調補正＞→＜彩度を下げる＞を選択し、無彩色にする。
5　メニューバーの＜イメージ＞から＜画像解像度＞を選択し、「画像解像度」ウィンドウが開いたら「ドキュメントのサイズ」の「幅」を「150」mm、高さを「200」mm、解像度を「2」pixel／cmに設定し、「OK」ボタンをクリックする。

左から、コンピュータジャカード織（制作：Y'sテキスタイル）、インクジェットプリント（制作：イング）、手描き友禅　デザイン：今井恵美子　2006

6　メニューバーの＜ビュー＞から＜画面のサイズに合わせる＞を選択し、画像を画面サイズに拡大する。

7　メニューバーの＜イメージ＞から＜色調補正＞→＜ポスタリゼーション＞を選択し、「ポスタリゼーション」ウィンドウが開いたら「階調数」に「9」と入力する。TIFF形式で「別名で保存」する。

8　＜ツール＞パレットから＜自動選択＞ツールを選択し、＜オプション＞パレットの「許容値」を「0」、「アンチエイリアス」と「隣接」のチェックボックスの選択をはずす。

9　画像の中の任意の無彩色をクリックし同色をすべて選択する。

10　選択された無彩色と同明度の有彩色を＜スウォッチ＞パレットの中から選択するか、＜カラー＞パレットのスライダーを調節して色を作る。メニューバーの＜編集＞から＜塗りつぶし＞を選択し、「塗りつぶし」ウィンドウが開いたら「使用」を描画色にして「OK」ボタンをクリックする。

11　9. 10.の作業を無彩色すべてに行い、9段階の有彩色の画像が完成したらTIFF形式で「別名で保存」する。

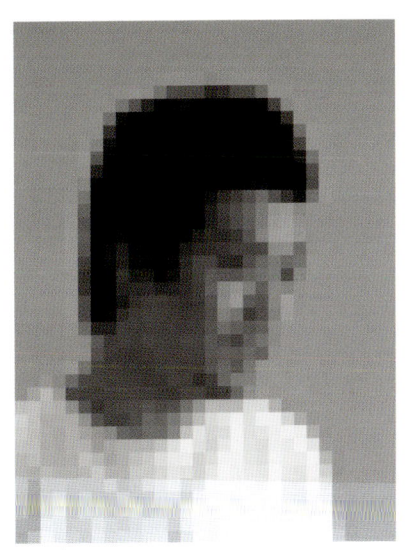

解像度を2pixel/cmに

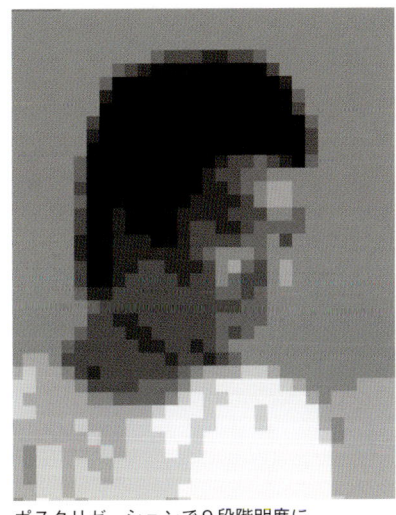

ポスタリゼーションで9段階明度に

無彩色から有彩色へ

●図像を1枚のテキスタイルデザインに

有彩色に置き換えられたグリッドのデザイン11.はパソコン上で座標変容させることによって変形し、動きのあるパターンへと変化する。また、座標変容されたデザインはリピート（送り・繰り返し）をつけることによって1枚のテキスタイルデザインへと展開される。

12　メニューバーの＜フィルタ＞から＜変形＞を選択し、表示される変形コマンドを使い座標変容を試みる。パターンとして気に入った画像はTIFF形式で「別名で保存」する。

13　メニューバーの＜編集＞から＜パターンを定義＞を選択し、「OK」ボタンをクリックする。

14　メニューバーの＜ファイル＞から＜新規＞を選択し、「新規」ウィンドウが開いたら幅150mm、高さ200mm、「解像度」を「6」pixel／cm、「カラーモード」を「RGBカラー」に設定し、「OK」ボタンをクリックする。

15　メニューバーの＜編集＞から＜塗りつぶし＞を選択し、「塗りつぶし」ウィンドウが開いたら「使用」のプルダウンメニューから「パターン」を選択する。表示された「カスタムパターン」のプルダウンメニューから13.でパターン登録したデザインのサムネイルをクリックし、「OK」ボタンをクリックする。

16　メニューバーの＜ビュー＞から＜画面のサイズに合わせる＞を選択し、画像を画面サイズに拡大する。

17　四方連続のリピートが確認できたら、TIFF形式で「別名で保存」する。

座標変容「波形」

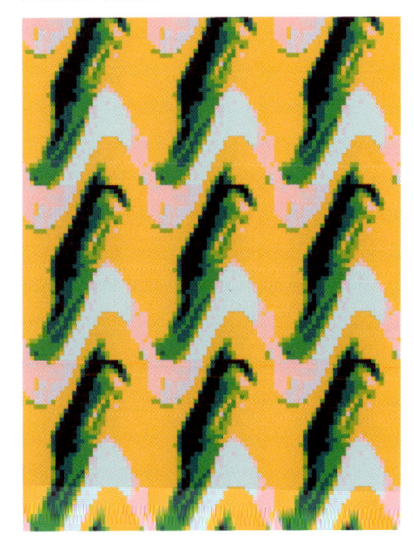

四方連続のリピート

色彩研究と表現技法　143

●**商品化と空間への展開**

プレゼンテーションを効果的に行うためにパターンの持つ色、流れ、動きなどの特徴を見極め、それに見合った商品や空間へのシミュレーションを行う。デザインは使われる商品、あるいは空間によってその価値が決まるといっても過言ではない。そのデザインがカーテンにふさわしいと思うのはなぜなのか、アパレルのほうがいいのか、あるいは空間を演出するものなのか、しっかりとしたプランニングをすることが大切である。シミュレーションの方法はp.147のイメージ・シミュレーションを参照。

有彩色によるグリッドデザイン

無彩色によるグリッドデザイン

座標変容

座標変容にリピートをつけ空間へのシミュレーションを行う　2003　制作：岩波宏昇

スリッパへのシミュレーション　2004　制作：宮本美保

アパレルへのシミュレーション　2005　制作：武田真理子

花のスケッチ

花のデザインの作成途中

花のデザインの完成　制作：川畑愛

花のプリントデザインの制作

❶紙に花のスケッチをする（作業の効率化を図るため、A4サイズに収まる範囲でスケッチする）。

❷水彩絵具で着彩をする。

❸ペンタイプのマウスを装備したアートパッド（ペンタブレット）をパソコンに接続し、フォトショップを立ち上げる。スキャナーで着彩した花のスケッチを解像度150dpiで読み込む。

❹花のスケッチが読み込まれたら「スケッチ」と名称をつけ保存する。

❺花のプリントデザインを何色で表現するかを考える。例：花びら3色・葉および茎2色・花芯1色・背景1色、合計7色。

❻メニューバーより＜ファイル＞→＜新規＞を選択し、「新規」ウィンドウが開いたら、「ファイル名」を「花のデザイン」と入力し、プリセットの「解像度」をPixel／cm、「幅」、「高さ」はそれぞれスケッチの大きさより一回り大きい数値を入力する。「カラーモード」は「CMYK」に設定し、「OK」ボタンをクリックする。

❼新規のカンバスが開いたら＜ツール＞パレットの＜移動＞ツールを選択し、「スケッチ」カンバスの画像を「花のデザイン」カンバスに「ドラッグ＆ドロップ」する。

❽メニューバーの＜レイヤー＞から＜レイヤープロパティ＞を選択し、「レイヤーのプロパティ」のウィンドウが開いたら「レイヤー名」に「スケッチ」と入力する。

❾メニューバーの＜レイヤー＞から＜新規＞→＜レイヤー＞を選択し、「新規レイヤー」ウィンドウが開いたら「レイヤー名」に使用する色名を入力し「OK」ボタンをクリックする。色数が7色ならば7枚新規に作成する。

❿＜レイヤー＞パレットに追加された新規レイヤーを彩色しやすい順序に入れ替える。

⓫＜ツール＞パレットから＜スポイト＞ツールを選択後、＜オプション＞パレットの「サンプル範囲」をクリックし、「5ピクセル平方の平均」を選択する。「スケッチ」のカンバスから描画する色にポインタを合わせクリックする。＜ツール＞パレットの「描画色」が選択した色になっていることを確認する。

⓬「花のデザイン」のカンバスを選択後、彩色するレイヤーを選択し、「スケッチ」レイヤーを参考に描画する。方法は二つある。(A)＜ツール＞パレットより＜ブラシ＞ツールを選択し、ダイレクトに描写する。(B)＜ツール＞パレットより＜なげなわ＞ツールを選択し、彩色する部分を選択範囲で囲み、メニューバーの＜編集＞→＜塗りつぶし＞を選択し描写する。

⓭レイヤーごとに⓬の(A)(B)いずれかの作業を繰り返しデザインを完成させる。描写の際、他のレイヤーが邪魔な場合は、該当するレイヤーの左端にある「レイヤーの表示／非表示」ボックスの「目」のアイコンをクリックして非表示にする。非表示のレイヤーを表示させる場合は、再度「レイヤーの表示／非表示」ボックスをクリックし、「目」のアイコンを表示させる。

⓮「スケッチ」レイヤーを選択後、メニューバーの＜レイヤー＞から＜削除＞→＜レイヤー＞を選択し削除する。

⓯＜レイヤー＞パレットの「背景」レイヤーを選択し、＜カラー＞パレットや＜スウォッチ＞パレットから1色抽出し、メニューバーから＜編集＞→＜塗りつぶし＞を選択する。

⓰すべての色の描写が終わったらTIFF形式で「保存」する。

ストライプとチェックの制作

●イメージ写真から3色抽出

❶フォトショップを立ち上げイメージ写真を読み込む。

❷＜ツール＞パレットからスポイトツールを選択し、イメージ写真の中の抽出する色の上にポインタを重ね、クリックする。

❸＜ツール＞パレットの「描画色」が抽出する色に表示されたことを確認後、＜スウォッチ＞パレットを表示し、パレット下部の＜描画色から新規スウォッチを作成＞をクリックする。＜スウォッチ＞パレットに抽出した色が追加されたことを確認する。

❹他の2色も同じように＜スウォッチ＞パレットに追加する。

●ロマンストライプの作成

❶フォトショップ画面のメニューバーから＜ファイル＞→＜新規＞を選択する。「新規」ウィンドウが開いたら、「ファイル名」に「ロマンストライプ1」と入力し、プリセットの「解像度」を100Pixel／cm、「幅」を24cm、「高さ」は10cm、「カラーモード」は「CMYK」に設定し、＜OK＞ボタンをクリックする。

❷新規のカンバスが開いたらメニューバーの＜レイヤー＞から＜新規＞→＜レイヤー＞を選択し、「新規レイヤー」ウィンドウが開いたら「レイヤー名」に「ストライプ」と記入し「OK」ボタンをクリックする。＜背景＞レイヤーはメニューバーの＜レイヤー＞から＜削除＞→＜レイヤー＞を選択し削除する。

❸＜ツール＞パレットの長方形選択ツールを選択し、メニューバーの下部に表示される＜オプション＞パレットの＜ぼかし＞を「0」、＜スタイル＞を「固定」にし、「幅」に作成するストライプ幅の数値、「高さ」に100mmと入れる。

❹ポインタをカンバスの適当な箇所でクリックし、表示された選択範囲を上下がずれないように「shift（シフト）」キーを押しながら左に移動し、カンバスの左隅に吸着させる。

❺＜スウォッチ＞パレットから先に追加した3色の1色にポインタを合わせクリックする。＜ツール＞パレットの「描画色」がクリックした色になったことを確認して、メニューバーの＜編集＞から＜塗りつぶし＞を選択する。「塗りつぶし」ウィンドウが開いたら「使用」欄を「描画色」とし、「OK」ボタンをクリックする。

❻メニューバーの＜ビュー＞から＜定規＞を選択し、カンバスに定規を表示させる。

❼左端の定規にポインタを合わせ、クリックした状態で右にドラッグし、選択範囲の右端にガイドを合わせドロップする。

❽＜ツール＞パレットの＜長方形選択ツール＞を選択し、点線で囲まれた選択範囲を「shift（シフト）」キーを押しながら右にずらし、その左端をガイドに吸着させる。

色彩研究と表現技法　145

❾＜スゥッチ＞パレットに追加した他の1色を選択し、再び、メニューバーの＜編集＞から＜塗りつぶし＞を選択し、ストライプの2色目を塗りつぶす。

❿ 7、8、9の手順を繰り返してストライプを完成させる。

⓫ メニューバーの＜ビュー＞から＜ガイドを消去＞を選択後、TIFF形式で「保存」する。

● ストライプからチェックへの展開
❶ 完成した縦100mm横240mmのストライプ画像をフォトショップで開く。

❷ メニューバーの＜イメージ＞から＜画像解像度＞を選択する。

❸「画像解像度」ウィンドウが開いたら、「縦横比を固定」のチェックボックスの選択をはずし、「ドキュメントのサイズ」の「高さ」のみを「幅」の大きさと同じ240cmと記入する。「OK」ボタンをクリックする。

❹ メニューバーの＜レイヤー＞から＜レイヤーの複製＞を選択し、「レイヤーを複製」ウィンドウが開いたら「OK」ボタンをクリックする。

❺ ＜レイヤー＞パレットで複製されたレイヤーが選択されていることを確認後、メニューバーの＜編集＞から＜変形＞→＜90°回転（時計回り）＞もしくは＜90°回転（反時計回り）＞を選択する。

❻ 複製されたレイヤーが90°回転し、縦ストライプが横ストライプに変化したことを確認後、＜レイヤー＞パレットの「塗り」の数値記入欄に「50」と記入する。

❼ 透明感のあるチェックができ上がったら、TIFF形式で「別名で保存」する。

● テクスチャーの追加
❶ 完成したテキスタイルデザインをフォトショップで開く。

❷ ＜レイヤー＞パレットを確認し、レイヤーが複数ある場合はメニューバーの＜レイヤー＞から＜画像を統合＞を選択する。

❸ メニューバーの＜イメージ＞から＜モード＞→＜RGBカラー＞を選択する。

❹ メニューバーの＜フィルタ＞から＜テクスチャー＞→＜テクスチャーライザ＞を選択し、「テクスチャーライザ」パレットが開いたら、ピクチャー画面を確認しながら「テクスチャー」の欄で質感の種類、拡大・縮小、レリーフ、照射方向を設定する。

❺「OK」ボタンをクリックし、画面にテクスチャーが加わったことを確認後、TIFF形式で「別名で保存」する。

彩度変化

コンピュータに取り込んだ画像のレイヤーを調整して彩度変化を行うことができる。

❶ 画像をフォトショップ画面に表示し、メニューバーの＜レイヤー＞から＜新規調整レイヤー＞→＜色相・彩度＞を選択する。「新規レイヤー」ウィンドウが開いたら「OK」ボタンをクリックし、「色相・彩度」ウィンドウを開く。レイヤーパレットには「色相・彩度」のレイヤーが追加される。

チント
「明度」スライダーを「0」よりも右にスライドする。任意の暗さになったら「OK」ボタンをクリックし、TIFF形式で「別名で保存」する。

シェード
「明度」スライダーを「0」よりも左にスライドする。任意の暗さになったら「OK」ボタンをクリックし、TIFF形式で「別名で保存」する。

トーナル
「彩度」スライダーを「0」よりも左にスライドする。任意の彩度になったら「OK」ボタンをクリックし、TIFF形式で「別名で保存」する。

補色
「色相」スライダーを右端にスライドし、色相が反転したら「OK」ボタンをクリックする。「色相・彩度」レイヤーを選択し、「塗り」項の三角ボタンをクリックしてスライダーを表示する。任意の彩度までスライドしたら、TIFF形式で「別名で保存」する。

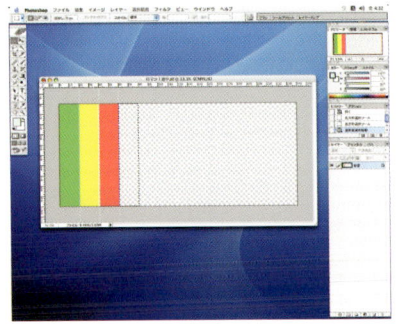

ロマンストライプの作成途中

ロマンストライプの完成

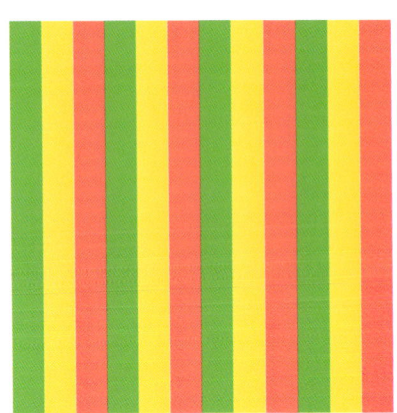

ストライプを正方形に

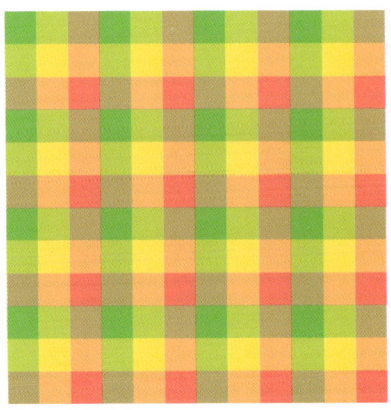

チェックの完成

テクスチャーライザ

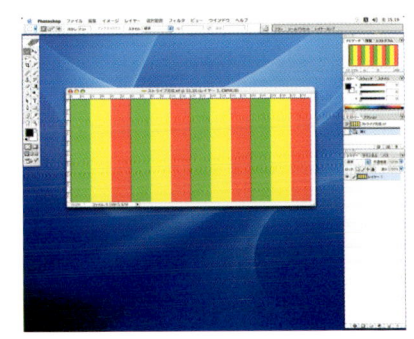

彩度変化・コンピュータ画面に画像を読み込む

チント30%

シェード30%

トーナル50%

補色40%

イメージ・シミュレーション

コンピュータで制作したテキスタイルデザインを、スキャナーやデジタルカメラで取り込んだインテリアやファッション、風景等の画像に組み合わせることによって、提案モデルを作ることができる。一般的にそのような実験、研究をシミュレーション（simulation）と言う。

❶フォトショップを立ち上げ、デザインと背景となる画像をそれぞれ開く。

❷背景となる画像をクリックし、メニューバーの＜レイヤー＞から＜新規＞→＜背景からレイヤーへ＞を選択する。「新規レイヤー」ウィンドウが開いたら「レイヤー名」を「背景画像」と入力し「OK」ボタンをクリックする。＜レイヤー＞パレットのレイヤー名が「背景」から「背景画像」となっている事を確認する。

❸＜ツール＞パレットの＜なげなわ＞ツールをクリックしたまま、プルダウンメニューから任意のツールを選択し、デザインを組み込む範囲を選択する。
○なげなわツール　選択する箇所に合わせ、ポインタをドラッグしながら範囲を選択する。
○多角形選択ツール　選択する箇所を多角形として捉え、その節ごとにポインタをクリックし範囲を選択する。
○マグネット選択ツール　選択範囲がその周囲と明確に差がある時に使う。選択する箇所の起点をクリックしたあとは、ポインタを移動すると自動的に範囲が選択されていく。

❹選択範囲を追加する場合は「shift」キーを押しながら追加する範囲を選択する。選択範囲を削除する場合は「option」キーを押しながら削除する範囲を選択する。

❺選択範囲を確定したら、メニューバーの＜選択範囲＞から＜選択範囲を保存＞をクリックする。「選択範囲を保存」ウィンドウが開いたら任意の「名前」を入力し選択範囲を保存する。

❻キーボードの「delete」キーを押し、背景画像から選択範囲を消去する。

❼メニューバーの＜選択範囲＞から＜選択を解除＞を選択し、選択範囲を解除する。

❽＜ツール＞パレットの＜移動＞ツールを選択し、デザイン画像を背景画像へドラッグ＆ドロップする。

❾背景画像の＜レイヤー＞パレットにデザイン画像のレイヤーが追加されたことを確認する。メニューバーの＜レイヤー＞から＜レイヤーのプロパティ＞を選択し、「レイヤーのプロパティ」ウィンドウが開いたら「レイヤー名」に「デザイン」と入力する。

❿「デザイン」レイヤーを「背景画像」レイヤーの下に移動する。

⓫メニューバーの＜編集＞から＜変形＞→＜自由な形に＞を選択すると、デザインの大きさを示す「バウンディングボックス」が表示されるので、組み込む範囲に合わせて角のポイントをドラッグして変形する。「バウンディングボックス」が表示されない場合は、移動したデザインが背景画像よりも大きいことが考えられるので、「ツール」パレットの「ズーム」ツールを選択後、「option」キーを押しながら背景画像をクリックし、カンバスを縮小する。

⓬「背景画像」レイヤーを選択し、メニューバーの＜レイヤー＞から＜新規＞→＜レイヤー＞をクリックする。「新規レイヤー」ウィンドウが開いたら「レイヤー名」を「陰影」と入力し「OK」ボタンをクリックする。＜レイヤー＞パレットに「陰影」レイヤーが追加されたことを確認する。

⓭メニューバーの＜選択範囲＞より＜選択範囲の読み込み＞をクリックし、「チャンネル」より保存した選択範囲を選択する。

⓮＜スウォッチ＞パレットから陰影となる色を選択する。

⓯＜ツール＞パレットから＜ブラシ＞ツールを選択し、さらに＜オプション＞パレットのいちばん左端のブラシアイコンをクリックし、「ブラシ（エアブラシ50％）」を選択する。

⓰＜オプション＞パレットの左から2番目のアイコンをクリックし、その中から「ブラシの大きさ（マスター直径）」、「ブラシの硬さ（硬さ）」、「ブラシの種類」を設定する。

⓱＜陰影＞レイヤーが選択された状態で、ポインタを動かしながら選択範囲内に陰を作る。

⓲＜選択範囲＞から＜選択を解除＞を選択し選択を解除後、TIFF形式で「保存」する。

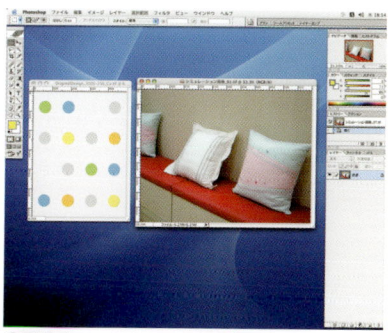

❶画像をフォトショップに読み込む

❷背景となる画像

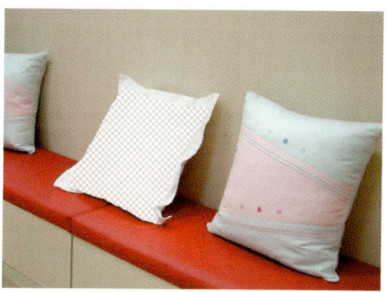

❻背景となる画像から選択範囲を切り抜く

❿背景となる画像のレイヤーの下にデザインのレイヤーを置く

⓫デザインをバランスよく配置する

⓬〜⓱陰影をつけて仕上げる

| 作品紹介 | 中島良弘 |

● コンピュータによるテキスタイルデザインの例

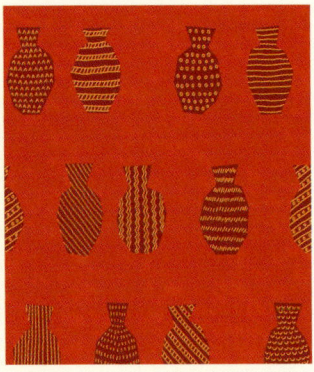

● 室内空間とテキスタイルデザイン

左右ともシンコールインテリア

左右ともリリカラ

● 高度なシミュレーション

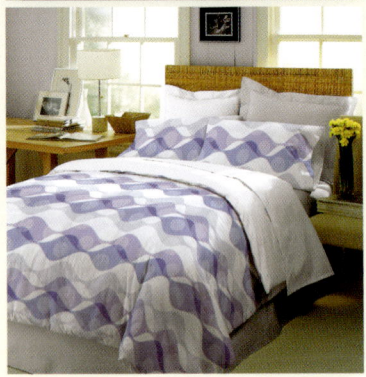

上下とも、Supreme Home Linens Ltd.

● テキスタイルによるコーディネイト

Supreme Home Linens Ltd.

紹介商品は販売終了しております。

6章
テキスタイルデザイナーの仕事

6-1 テキスタイルデザイナーの仕事
6-2 用語解説
6-3 テキスタイル素材選びに役立つショップ・リスト

6-1

テキスタイルデザイナーの仕事

須藤玲子

　テキスタイルは、人間生活の基礎である衣食住のうち、衣と住に深くかかわっており、私たちが豊かな生活を送るのに不可欠な素材である。そのテキスタイル（繊維製品）をデザインすること、それがテキスタイルデザイナーの仕事である。

　私たちテキスタイルデザイナーが、生活の用となるテキスタイルをデザインすることは重要な行為である。デザインが絵画などのアートと異なるのは、使用目的と対象があることである。テキスタイルデザインの目的は、人や空間を美しくひきたて、人々の欲求にアピールすることにある。テキスタイルが表現する、色、柄、風合い、素材感、時代性などは、人の美意識を揺さぶる。

　テキスタイルデザインでは、柄、文様（パターン）が重要な要素である。そして、そのモチーフとなるものは、身の回りに無限に存在している。たとえば身近な品々、自然の風景、人物、街並といった人の外部にあるもの、さらには人の内面にある経験、感覚、気分などもモチーフになる。日常生活を見渡せば、あらゆる範囲に見つけることができる。

　テキスタイルデザインにおいても、その基本となるのはデザイナーの感性と造形力である。デザインモチーフを見つける繊細な感性と、それをデザインに具体化するすぐれた造形力が求められる。そうした力を養うためには、私たちが日常なにげなく目にするものを、謙虚にかつ繊細に観察できる感覚を持つことが大切である。また、物を正確に捉え、新たに創造する造形力を養うことも重要である。

エントランスロビー　マンダリン オリエンタル 東京/2006　撮影：大河内禎（「森と水」マンダリン オリエンタル 東京　テキスタイルの記録より）

● マンダリン オリエンタル 東京での実践

ひとつの実例として、2005年12月にオープンしたホテル、マンダリン オリエンタル 東京のテキスタイルデザインを取り上げてみよう。2001年、私はマンダリン オリエンタル 東京のデザインプロジェクトに参加することになり、日本のテキスタイルにこだわった提案を考えた。それは、私自身の布作りを日本国内だけで一貫して行ってきたことによる。私と一緒にホテルのインテリアデザインを担当したのは、世界中のホテルのインテリアデザインを手がけ、マンダリン・オリエンタルのバンコック、香港を手がけたＬＴＷ（Lim Teo & Wilkes Design Works）だった。

彼らのコンセプトもまた、日本の文化を空間に取り入れるということであった。空間の捉え方ひとつで、同じ空間が大きくなったり、小さくなったりする、そうした日本独特の空間の世界を、素材、職人、間というキーワードから表現したいと言う。それは、私が考えていたのと同じ世界の構築だった。私はこうした大きなプロジェクトでは必ずコンセプトあるいはデザインテーマを決める。

今回のコンセプト「森と水」は、日本について思いを巡らせ、美しい日本の特色について考えていた時、ふと浮かんだ言葉である。そこからホテルの入るビルを1本の木と見立て、ホテルのエントランスロビー、客室、メインロビー、宴会場等のテキスタイルデザインに、1本の樹木の根、幹、枝、葉等をあてるデザインテーマを思いついた。

今回のプロジェクトのために動員された生産工場は、おもなところだけでも全国12都市、40社に及ぶ。しかも、従来の決められたサンプルから布を作る仕事ではない。図案からオリジナルのサンプルを起こして

上／客室　下／ボールルーム
2点とも、マンダリン オリエンタル 東京／2006　撮影：大河内禎（「森と水」マンダリン オリエンタル 東京　テキスタイルの記録より）

いく作業は、各地の染織技術者の職人魂を刺激することとなった。日本の産地がいっせいに、マンダリン オリエンタル 東京が建つ日本橋を向いて切磋琢磨し、デザインのすべてが決まった時、各地でいっせいに制作が始まった。

すべて日本の産地で作られた、正真正銘のメイド・イン・ジャパンのテキスタイルを使ったホテル。外資系でありながら、日本のホテルでさえ思いつかなかったようなこだわりを貫いたのは「Sense of Place」というマンダリン・オリエンタル ホテルグループのこだわりに因る。その意味するところは、「その場所ならではの何か。それは、単にその場所らしいデザインを取り上げるといった表面的なことではなく、その土地が育んできたものに対する尊厳なのだ」。私は、この言葉に感動し、デザイン作業を仕上げた。

「樹根」 撮影：北村光隆

「樹根」 撮影：Sue McNab

「樹根」ドローイング

● テーマを探す

テキスタイルをデザインするにあたり、モチーフとなるテーマを何に求めるかはとても重要である。テーマの範囲は幅広く、個々の品々、自然の中の風景、様々な人物、世界中の都市空間、古今東西の美術作品、さらには音楽、文学、スポーツもテーマとなる。また、人の感覚、気分、精神もテーマになるであろう。ひとつのテーマは様々な角度から探求し、時には長い時間をかけて、シリーズのようにして取り組むのも面白い。

テーマが決まれば、写実的な表現、抽象的な表現、色彩の分析、形態の分析、構図の分析など、それぞれのテーマに即して追求し、その表現方法を探し出すことが大切である。

「ブラジリアンカーニバル」 デザイン：アンジェラ・マユミ・イトウ
撮影：Sue McNab

「刺し子ストライプ」 デザイン：下田小百合
撮影：Peter Page

「恵みの雨」の実例化　マンダリン オリエンタル 東京/2006　撮影：大河内禎（「森と水」マンダリン オリエンタル 東京　テキスタイルの記録より）

「恵みの雨」　墨によるドローイング　谷口由佳

「プッシーキャット」　デザイン：安東陽子

「プッシーキャット」ドローイング

「プッシーキャット」の実例化

●表現方法
描く／ドローイング

テーマが決定すれば、様々な筆記道具、絵具等を使って対象物を描く。物を正確に描写することは、フォルムを観察することから始まる。描写する時は、フォルム、質感の正確な描写はもちろんだが、方向や角度によって変化する表情の微妙な違いも捉えながら描くことが重要である。自分の目で対象物を確かめ、それを的確にスケッチしていくことで、物が持つ思いがけない美しさや、新しい感覚を見い出すことができる。

撮影：北村光隆

「樹皮」　撮影：Sue McNab

写真を使う

デザインの表現方法に写真を使うこともある。自分の目で観察し、描くことでは得られない正確な描写が、写真を使うことで一気に拡大される。写真のカットからは、自分にとって何が気になったのか、何に目を惹かれたのかを確認、検証することができる。それらを取り出し、組み合わせ、編集することで、新鮮な図柄文様を作り出すことも可能だろう。その時に注意しなければならないことは、被写体を抽象的に――ただの形態として――捉えることである。

「丸メタル」
デザイン：松田沙織

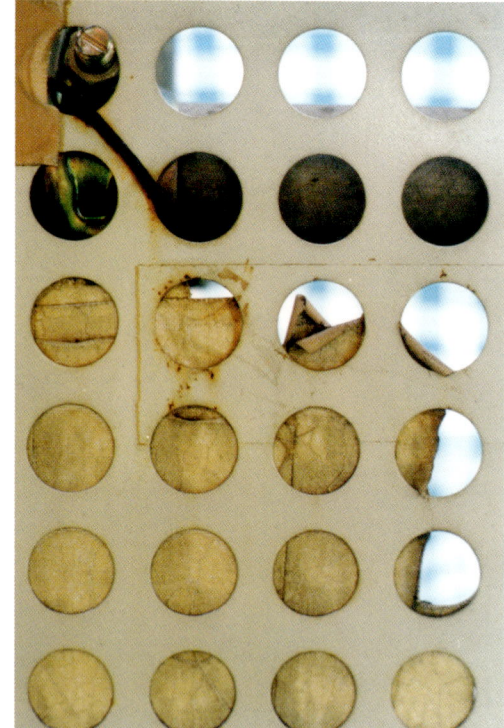

撮影：松田沙織

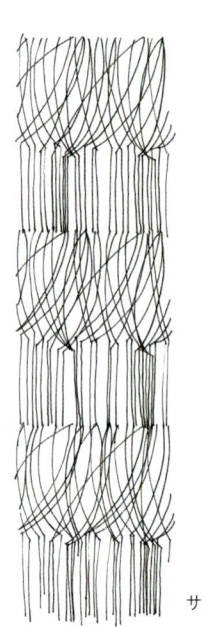

サインペン

用具と材料を選ぶ

テキスタイルデザイナーにとってパターンを描くにあたり、用具や材料の選択は、独特の表現技法を生むことに繋がるため、とても重要である。多種多様な用具や材料が溢れる今日、自分のデザインアイデアを生かすため、的確な道具と材料を選び、独自の表現方法を作り出していくことが大切である。

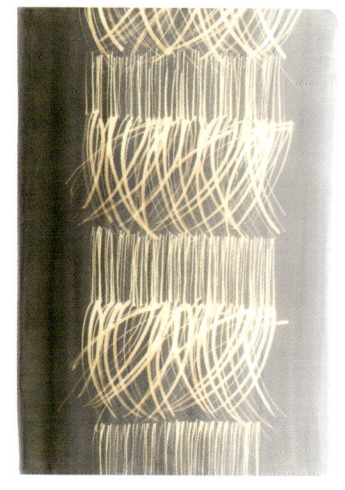

インク

ガッシュ

154　テキスタイルデザイナーの仕事

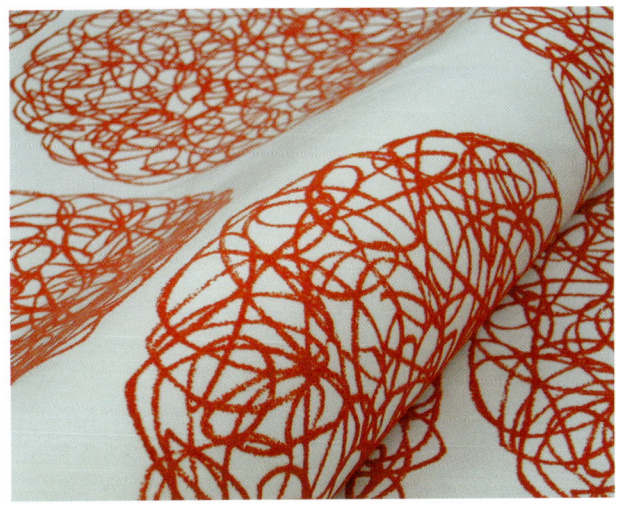

「かご細工」

「紋紙」　デザイン：上野和広　撮影：Sue McNab

「弓矢」

● テキスタイルデザインについて
パターンがある

テキスタイルには、何らかの柄や文様がある。それらのパターンは、部族の象徴物のように社会的な特別な意味を持っていたり、信仰の対象物として、宗教上の深い意味を持っていたりしていた。古くは、テキスタイルのパターンには深い意味が込められていたのである。現代では、社会的な意味を含むパターンは少なくなり、作者やデザイナーの感性によって作り出す、自由なパターンへと変化してきた。デザイナーは、各自が見つけたテーマをモチーフに、様々なパターンを作り出している。そこでは、デザイナーの豊かな感受性が求められているのである。

送り／リピートをつける

テキスタイルデザインでは、基本となるひとつのパターンに連続性を持たせるために「送り」をつける。「送り」がつくことによって、パターンに流れができ、「送り」の大きさや方法によって、思いがけない動きをみせることがある。テキスタイルデザインでは、「送り」のつけ方が、布地全体のデザインに大きな影響を与える。

「樫の実」　撮影：Sue McNab

「蕾」　撮影：Sue McNab

テキスタイルデザイナーの仕事

ハンドル刺繍／加藤刺繍店

ジャカード織／トキワ織物

輪奈織／妙中パイル織物

多重織／ツグオ

布地にする

それぞれのテキスタイルは、デザイナー、染織技術者、染織工場の各分野での協力があって初めて完成する。よいデザインのテキスタイルを生み出すには、製品になるまでの過程で、各分野の関係者間の緊密で、密接な共同作業が不可欠である。

ラッセルレース／松井ニット技研
(「森と水」マンダリン オリエンタル 東京　テキスタイルの記録より)

6-2 用語解説

あ

青ばな（あおばな）
絵や染色の下描きに使用し、上から絵具や染料を塗るとその水分で色が消える。つゆ草の花汁を和紙に染み込ませた青ばな紙と化学青ばながある。

綾棒（あやぼう　Lease stick）
整経でとった綾（組織の交差）を維持する棒。2本一組で使用する。

RGB
Rは（レッド・赤）、Gは（グリーン・緑）、Bは（ブルー・青）。テレビやコンピュータのモニターなどで色を再現する際の3原色。CMYKと区別するために「光の3原色」と言う。

アンバーフィルム
暗赤色の遮光フィルムと透明フィルムを貼り合わせたもの。シルクスクリーンの感光製版に使用する。刷りたい部分の遮光フィルムだけを残すようにカットする。

板杼（いたひ　Flat shuttle）
板状の杼で糸を周囲に巻きつけて使用する。

糸枠（いとわく　Spool）
糸をかせから巻き取るために使用する他、紡いだり、撚った糸を蒸して撚り止める時に巻きつけて使用する。

インクジェットプリンタ
微滴化した染料を直接布に吹きつけてプリントする方法。シルクスクリーン方式の捺染では表現が困難なにじみやぼかし、微細なグラデーションなども表現できる。染色速度が遅いため、大量生産品のプリントには向かない。

エッチング
腐食銅版画。版画技法のうち、凹版／間接法に属する。防食処理を施した銅板の表面を針で削り、その後、腐食することによって凹版を作るので細かい線表現が得られる。

筬（おさ　reed）
織機上で、経糸の密度を維持するために使用する櫛状の道具で、織密度によって櫛目（筬目）の種類を使い分ける。多くは金属性である。

筬目（おさめ　Reed pian）
筬の櫛状の部分の粗さ、密度。

オックスフォード地
平織の綿織物。適度な張りと柔らかさがあり、フラットで均質な肌合いが特徴。

オペークインク
シルクスクリーンの感光製版に使用する。フィルムに原画を描くための遮光を目的としたインク。水溶性で筆につけて使う。同様に使えるアニメックスカラーは透明フィルムへの着色にすぐれる。

オペークマーカー
マーカータイプのオペークインク。原画の修正や半透明のマットフィルムなどに直接描く時に便利。

織前（おりまえ）
織り進んでいくために緯糸を入れるすぐ手前の織布の部分

か

貝紫（かいむらさき）
アクキ貝科の巻貝の分泌液から抽出した紫の染料で染める技術のこと。「帝王紫」とも呼ばれ、古くから高貴な色として珍重されてきた。紀元前、地中海沿岸の海洋民族であるフェニキア人が発見。ローマ帝国では帝王や貴族の権威の象徴とされた。日本では、佐賀県の吉野ヶ里遺跡から絹織物片が発見されている。

カーダー（Carder）
繊維をすいたり、毛羽立てたりする道具。2本一組の手作業用のブラシタイプのものと、おもに電動のローラータイプのものなどがある。または、その作業をする人。

可抜性染料
抜染剤で脱色される染料、あるいは、

テキスタイルデザイナーの仕事　157

可抜性のある染料。脱色を目的とした抜染剤を印捺し、模様などを白く抜く場合などに、あらかじめ可抜性染料で地染めしておく。

壁糸（かべいと）
意匠糸の一種。下撚りを強くかけた太い糸と、撚りをかけない細い糸を、下撚りとは反対の上撚りにかけ合わせた糸。細い糸に太い糸が巻きつく構造。

空紗（からしゃ）
木枠に紗張りしただけで製版はしていない。回りのみマスキングテープで補強している。

からみ糸
意匠糸の一種。太さ、長さは同じで色の異なる糸を撚って作った糸。

カール糸
意匠糸の一種。軸の糸に輪を作るように別の巻糸し、それをさらに別の巻糸で撚り押さえた糸。

還元染料（バット染料）
強いアルカリと還元剤で染料分子を還元構造にし、繊維に吸収させたあと、空気酸化により本来の発色を見せる。不溶性の堅牢な染色となる。木綿などのセルロース繊維を染める。

起毛
布や皮の表面をブラシなどでこすり、表面の繊維を立ち起こし、ソフトなテクスチャーや暖かさを得る加工。綿フランネル、別珍、スエード（皮と布の物がある）をはじめ、様々な布が起毛される。

鎖糸（くさりいと）
意匠糸の一種。壁糸に、逆撚りにさらにもう1本撚り合わせた糸。

具体派
正確には具体美術協会。1954（昭和29）年、吉原治良を中心に結成された前衛美術家グループ。

グリエシン
シリアス染料を溶解し、染めつきをよくする液体。

クリンプ（Crimp）
羊毛の波状縮れのこと。羊毛繊維の内側はコルテックスと呼ばれる2種類の組織が絡んでいるが、この2つの組織が、温度・酸・アルカリに対して異なる反応をするため波状の縮れが生まれる。繊維が細いとクリンプの数も多くなる。

抗菌加工
汗などによって繊維上に細菌が繁殖するといやな臭いのもととなり、さらに変色や生地を傷める。菌の繁殖を抑える抗菌剤については様々な研究が進められている。

小管（こくだ　Bobbin）
船型のシャトルの中に、緯糸を巻いて使う管。木製、竹製、紙製等がある。

豆汁（ごじる）
大豆を水に入れて一晩ふやかし濾して作る。植物染料で木綿を染める時、染まりやすくするためにあらかじめ布にタンパク質を引く場合に使用する。また地入れの際にふのりと合わせて使用。

コチニール
カイガラ虫の一種。コチニール色素としてカイガラムシ科のコチニールカイガラムシ（和名エンジムシ）を乾燥し、すり潰して赤色の色素とする。

コラージュ（collage）
フランス語のcollage「糊による貼付け」の意味。新聞紙や写真の切抜きなどを貼り付け、絵画的に構成する技法。もしくはその作品。キュビスムのパピエ・コレ（貼紙）から発展。

コンピュータジャカード機
ジャカード織りにおいて、コンピュータによって文様を信号化し、複雑な綜絖の動きを直接的に操作する織り機。

さ

サイザル麻（Sisal hemp）
竜舌蘭の葉脈繊維。麻の一種。

ささべり糸
意匠糸の一種。壁糸にさらにもう1本撚り合わせた糸。

酸性染料
羊毛・絹・ナイロン等に適した染料で、溶解性に優れ、浸染、捺染、刷毛染めなど、どのような技法にも適している。

CMC糊
粉末のC.M.C.（カルボキシルメチルセルロース）を水で5％前後に溶解してできた糊。用途に応じ、適度な固さに水で薄めて使用する。

CMYK
Cは（シアン・青）、Mは（マゼンタ・赤）、Yは（イエロー・黄）、Kは（クロ・黒）。印刷で色を再現する際の3原色（C・M・Y）と黒（K）を言う。

ジャカード織
複雑な文様を持つ織物で、複雑な組織点に対応して、綜絖を1枚ずつ操作して織るジャカード機で織られた織物。発明者であるフランス人、ジャカードの名に由来する。

シャトル（shuttle）
織機上で、経糸が開口した状態で緯糸を通す道具。船型で中に緯糸を巻いた小管を入れて使うものが、一般的である。

縮絨（しゅくじゅう）
ウールの特性のひとつ。ウールの繊維は表面を鱗片状のスケールで覆われ、薄く透明な膜キューティクルで包まれている。スケールは熱、湿気、摩擦が加わると開き、絡み合いフェルト化する。この特性を利用して、ウールの布を高密度で厚地にする。

縮絨加工（しゅくじゅうかこう）
家庭などで行う場合、中性洗剤を溶かした湯に布を浸し絞り、熱いうちに棒に巻き、ビニールや布で包み、縦横両方向にローリングをかける。さらにビニール袋に入れて叩いたり、洗濯機にかけてもよい。

樹脂加工
防縮加工、防水加工、妨しわ加工等、様々な効果をもたらす加工の中でも、樹脂を使った加工。

ジュート麻
黄麻。タイ、バングラデシュなどで栽培されている麻。繊維の中心に多くの空隙を持っており、ジュート麻の袋は穀物やコーヒー豆、羊毛、綿花等を輸送、保存するのに適している。

シュポール／シュルファス
1960年代末のフランスで起こった芸術運動。シュポールは支持体、シュルファスは表面の意味。

順通し（じゅんとおし Straight Draft）
経糸を順に、一方向に繰り返し通す。

シリアス染料
木綿・麻・レーヨンの浸染と文様染全般に適し、絹・ウールの浸染もできる。日光に対して堅牢で使いやすい直接染料。加熱により染まるので、煮るか、塗布乾燥後蒸す。

シルケット加工
綿糸や綿織物を苛性ソーダ液に浸す特殊な処理によって絹に似た光沢を出す加工。

すいたて（Comb）
つげ等の木でできた櫛で、経糸を揃えたり筬の代わりに緯糸を打ち込む時に使用する。櫛目の密度に種類があるので経糸密度にあったものを使用する。

スキージ
スクリーンにのせた色糊を摺り込むための道具。ゴムに板の持ち手がついたヘラ。スクリーンに合わせて幅を調整し、使い分ける。

スクリーンテーンショナー
スクリーン枠にスクリーン生地を張るための大型のエア器具。

スケール（Scale）
羊毛を覆う鱗状表皮。根本から毛先に向かって成長し、先端は鋭いのこぎり状になっている。熱や水分によって開き、また絡みやすくなり、圧力が加わると毛根の方向に動く。

ステンシル
孔版で使われる版画技法のひとつ。防水性の素材に文字や文様を切り抜いて紙や布の上に置き、上から染料・顔料を摺り込み、抜かれた孔の部分を染色する技法。

スマック
経糸に緯糸となる糸を絡めていく技法。

スラブ糸
意匠糸の一種。なだらかに太さが変化している部分のある糸。スピニングの際、糸の太さを変えて作る方法や、軸の糸に別の糸を絡ませて作る方法などがあり、単糸、双糸など様々なヴァリエーションがある。

スリット（slits 把釣）
綴れ織の時、糸と糸の間を交差させないで織る技法。直線スリット（Strait slits）と、段数ごとに経糸を移動して織る方法がある。

精練
良好な染色効果や風合いを得るため、もとの素材表面を覆う綿のロウ質・ペクチン・脂質、絹のセルシン、ウールの脂分等や、よごれ等を取り除くこと。精練のやり方は素材によるが、アルカリ性物質や界面活性剤を用い、煮沸等温度をかける。

綜絖（そうこう）
緯糸を織り込む際に、経糸を浮き沈みさせる部位。金属綜絖、糸綜絖等がある。

組織点
組織図で、経糸の浮いた部分を表す点。

ソーダ灰
染色の助剤。無水炭酸ナトリウム（Na₂CO₃）。白色の粉末で弱アルカリ性。絹、羊毛の精練、プロシオン染料、シリアス染料による染色の固着のために使用する。

ソーピングワックス
熱湯（70度）により溶けるロウ。P（パラフィンロウに似たロウで柔らかい亀裂が入る）、M（マイクロワックスに似たロウで柔軟性がある）、K（カルバナワックスのような硬い亀裂が入る）の3タイプがあり、混合することができる。

梳毛糸（そもうし）
ウールの糸の種類。良質の長い繊維から撚り、繊維が滑らかで光沢がある。

た

ダブテイリング
2本の色糸を左右から接続する時、経糸を利用する技法である。1本の経糸に2色の色糸が1往復ずつ交互に織られる櫛歯形、同様に2〜3往復ずつ織り進む鋸歯形、イレギュラーダブテイリング等がある。

地入れ（ぢいれ）
引染の際、あらかじめ水分を塗布し、染料の吸着を遅くして染ムラを防ぐ。

チャンチン
銅または真鍮製の器具。ロウを流し込み、直接文様を描き込むため、細い染表現が可能となる。

苧麻（ちょま）
イラクサ科。「からむし」「からそ」などと呼ばれ日本各地で上布として愛好される。原産地は東南アジアでラミーとも呼ばれる。コシが強くシャリ感があり、通気性に優れ、水に濡れると強度が増す。

ツイード
スコットランド産の羊毛を染めて撚った紡毛糸を、平織、斜文織で手織にした厚手の織物。軽く縮絨し、乾燥後、剪毛、蒸絨および圧絨するツイード仕上げにより、織目が残り素朴な味わいがある。

展開組織
三原組織や既存の組織を基本組織（Key組織）とし、これに様々な方法で変化

を加えたり、綜絖の通し方を変えたりすることで得た組織。

トリミング
「選ぶ」ことにより画面を構成する方法。本来は、画像から特定の部分を抽出し、回りの不必要な部分を取り除き画面を整えることだが、風景や静物にも応用できる。

ドローイング
より直接的に「描く」という行為、あるいは線による表現を意味する。描く行為そのものが絵画にとって重要な問題になるにつれ、ドローイングも新たなジャンルとして確立されてきた。

トワイニング
織機を使用しないで作る技法と、緯糸トワイニングと呼ばれる技法がある。前者には古来よりむしろや籠などがあり、後者は2本以上の緯糸をねじりながら経糸に掛けて織り進む技法である。

トンボ
「十」字形のしるし。図面上の位置を示す目印とする。

な

ネオコール
染色のための助剤。浸透剤。

ノップ糸
意匠糸の一種。芯となる糸に別糸を絡ませ、所々巻き固めて節を作った糸。

は

媒染
植物から抽出した色素で染色した繊維を、金属塩の液中に浸し、色の定着と発色を行うこと。銅、錫、鉄、アルミなどの金属イオンによって色が変わる。

機草（はたぐさ）
経糸をバックビームに巻き取る際に、糸同士が直接触れないよう分離させ、一緒に巻き込む厚紙。

パラフィンロウ
石油系ワックス。ローケツ染の時、加熱溶解して使用。防染力は強いが割れやすい。

反応染料
化学反応により染着する染料。

杼（ひ shuttle）
織機上で、経糸が開口した状態で緯糸を巻いて通すもの。

杼口（ひぐち Shed）
経糸が開口して緯糸を通す口。

雲雀結び（ひばりむすび）
簡単に結べ、簡単に解くことができる結び方。「カウ・ヒッチ cow hich」とも言う。紐を輪状にし、結びつける紐や棒に引っ掛けて一回りさせ、できた輪の中に反対の輪端を通して手前に引き締める。紐を木に結びつける時や羽織の紐、袋物のこはぜなどに用いる。

ブッチャーネップ
糸の太さ、撚りに変化をつけた平織の生地。不規則な厚みと適度な粗さを持ったテクスチャーが特徴。

フラッシュエージング
染色および捺染において、短時間の蒸しによって染料を発色・固着させる湿式二層法。

プロシオンM染料
木綿、麻、レーヨンの浸染、ローケツ染や絹の浸染に向く。反応染料の中でもっとも反応性が高く、室温、弱アルカリ状態でも反応固着するので、水で染められる。

フロッタージュ
木や石、粗めの布などの凹凸面に紙を置き、上から鉛筆や木炭などでこすり、一種の拓本とも言うべきものをとってイメージや図柄を紙面に写し取り絵画的効果を出す方法。

並置混色（へいちこんしょく）
色が具体的に混ぜ合わさるのではなく、1本1本の糸が並べられた（交差）状態で混色される特殊な例である。

防縮加工（ぼうしゅくかこう）
洗濯などで縮まないようにする加工。緩和縮絨、高熱・高圧による固定、樹脂加工など素材などによって様々な加工法がある。

芒硝（ぼうしょう）
染料の吸収をよくする助材。初めから入れたほうが高い効果が得られる。ムラになりやすいので2回に分けて入れるのもよい。

防水加工
水がしみ込まないようにする加工。樹脂などで被膜をつける不通気性の加工と、通気性のある加工では、パラフィン・油などをしみ込ませる加工や、化合物を科学的に結合させて半永久的な撥水性を持たせる加工がある。

防燃加工
火を近づけた時、焦げるだけで燃え広がらないようにする加工。防炎加工、難燃加工とも言う。様々な化合物を用い、紡糸時に加工するものと布に後処理を施すものがある。

紡毛糸（ぼうもうし）
ウールの糸の種類。短い繊維や梳毛糸の制作途中で落ちた糸くずから撚った糸。毛羽立ちが多く軽い。

ホワイトレーン
亜麻（Linen）と苧麻（Ramie）それぞれ50％ずつの麻糸で、商品名である。

ま

マイクロワックスロウ
石油系ワックス。防染力が強く、柔軟性があり割れにくい。

丸羽（まるは）
1羽の筬目に2本の経糸を入れること。1本ずつ入れることは片羽と言う。

溝引き
定規の溝に硝子棒を当て、硝子棒と筆

をお箸のように持って直線を引く方法。

蜜ロウ
蜜蜂の巣より抽出するロウ。防染力が強く割れにくいため、細描きなどに用いる。

めがね織
細かい平織部分と荒い平織部分を市松に配した織組織。

綿テープ
綿素材のリボン状に織られた糸、テープ。

木酢酸鉄（もくさくさんてつ）
木を乾留して得た木酢酸液に鉄を溶かしたもの。植物染料の鉄媒染剤として使用。

木ロウ
植物系ワックス。ハゼの木の実より抽出。割れやすく、柔らかい細かい亀裂表現に適している。

や

山道通し（Pointed Draft）
経糸を綜絖にジグザク状に通す通し方。

ら

らせん糸
意匠糸の一種。撚り合わせる時、芯にする糸により強いテンションをかけ、もう一方の糸がらせん状に巻きついた糸。

ラッピング（Wrapping）
芯となるものに糸等の繊維を巻きつける技法で、その糸端は針等で内部に入れ込む。

ラフィア（Raffia）
ラフィア椰子の繊維。

リネン（Linen）
亜麻科、一年草の植物繊維から作った麻で、その繊維は細く短い。風合いはしなやかで綿に近い。涼感、水分の吸収と発散、強さはラミー（Ramie・イラクサ科・多年草）に次ぐ。色は黄味がかった亜麻色である。

ルーピング（Looping）
緯糸を、織り込む際に経糸の間から引き出しループ状にして織る方法。

ローリング（Rolling）
縮絨の方法、フェルトに棒を巻き付けて丸め、腕、足などで圧力をかけ転がす。

わ

輪奈織（わなおり Loop Weave）
織物の表面全体に輪奈（ループパイル）を形成する組織の織物。

参考文献
繊維総合辞典編集委員会編『繊維総合辞典』、繊研新聞社、2002

●人名
（ファミリーネーム50音順）

アバカノヴィッチ，マグダレナ
Abakanowicz, Magdalena 1930-2017

オルデンバーグ，クレス
Oldenburg, Claes 1929-

コレット
Colette 1947-

コンスタンティーヌ，ミルドレッド
Mildred Constantine

シュヴィッタース，クルト
Schwitters, Kurt 1887-1948

白髪一雄
しらが・かずお 1924-2008

ステラ，フランク
Stella, Frank 1936-

デュシャン，マルセル
Duchamp, Marcel 1887-1968

パーキン，W・H
William Henry Perkin 1838-1907

ヴァザレリ，ヴィクトール
Vasarely, Victor 1908-1997

ピカソ
Picasso, Pablo 1881-1973

ポロック，ジャクソン
Pollock, Jackson 1912-1956

マチス，アンリ
Matisse, Henri 1869-1954

マッソン，アンドレ
Masson, André 1896-1987

元永定正
もとなが・さだまさ 1922-2011

ラーセン，ジャック・レナー
Larsen, Jack Lenor 1927-

リュルサ，ジャン
Lurçat, Jean 1892-1966

ルイス，モーリス
Louis, Morris 1912-1962

● テキスタイル素材選びに役立つショップ・リスト（50音順　2017.10.31 現在）

藍熊染料（株）
布、染料、染色用具等
〒111-0034
東京都台東区雷門 1-5-1
tel.03-3841-5760　fax.03-3841-6549
URL http://www.aikuma.co.jp/

（株）アナンダ　東京吉祥寺店
原毛、紡ぎ車、織機、講習会
〒180-0002
東京都武蔵野市吉祥寺東町 3-14-22
tel.&fax.0422-20-6225
URL http://www.ananda.jp/kichijyoji.htm/

（株）アナンダ　北海道江別店
原毛、紡ぎ車、織機、講習会
〒069-0852
北海道江別市大麻東町 22-11
tel.011-388-2828　fax.011-388-1243
URL http://www.ananda.jp/ebetsu.htm/

（株）アナンダ　山梨本店
原毛、紡ぎ車、織機、講習会
〒408-0025
山梨県北杜市長坂町長坂下条 1221
tel.0551-32-4215　fax.0551-32-4830
URL http://www.ananda.jp/

稲垣機料（株）
すいたて（つげぐし）、織機材
〒602-8317
京都府京都市上京区五辻通七本松西入東柳町 535
tel.075-461-0656　fax.075-465-5122
URL http://www.eonet.ne.jp/~inagaki-kiryou/

稲葉商店
ロープ
〒101-0025
東京都千代田区神田佐久間町 3-35
tel.03-3866-1781　fax.03-3866-5388

江口孔版（株）
テトロン紗、スクリーン用具
〒162-0812
東京都新宿区西五軒町 6-17
tel.03-3268-4251　fax.03-3268-4255
URL http://www.echonet.co.jp/

大竹商店
織道具、機材
〒192-0061
東京都八王子市平岡町 7-3
tel.&fax.042-622-4329

（株）尾澤
布各種
〒105-0004
東京都港区新橋 4-19-5
tel.03-3432-3525　fax.03-3578-1478

（株）川島文化事業団（川島テキスタイルスクール）
ウール紡毛色糸、糸各種、手織り道具、専門コース・基本コース・講座、その他
〒601-1123
京都府京都市左京区静市市原町 418
tel.075-741-3151　fax.075-741-2107
URL http://www.biwa.ne.jp/~kts/

（有）きんしょう
糸各種
〒616-8131
京都府京都市右京区太秦藤ヶ森町 23
tel.075-872-6730　fax.075-872-6179
URL http://www.eonet.ne.jp/~kinshou/

Wark shop 金の羊
織道具、染料、原毛、書籍、糸
〒600-8086
京都府京都市下京区松原通り東洞院東入ル
tel.075-351-5572　fax.075-344-2053
URL http://www.hitsuji.co.jp/

染色工芸材料　三彩
布、染色材料各種
〒150-0002
東京都渋谷区渋谷 2-14-5　1F
tel.&fax.03-3407-0834

三葉トレーディング（株）
糸各種（工業用残糸等）、輸入手織機、手紡機等
〒302-0034
茨城県取手市戸頭 2-42-14　三葉ビル
tel.0297-78-1000　fax.0297-78-5850
URL http://www1.odn.ne.jp/~adx01490/

（株）シラカワ
糸各種
〒103-0002
東京都中央区日本橋馬喰町 1-13-11
tel.03-3663-1702　fax.03-3639-9300
URL http://www.k-shirakawa.com/

（株）誠和
染料、染色用具、皮革材料、染色教室
〒161-8552
東京都新宿区下落合 1-1-1
tel.03-3364-2113　fax.03-3364-2115
URL http://www.seiwa-net.jp/

田中直染料店（京都本店）
布各種、染料、染色用具等
〒600-8427
京都府京都市下京区松原通烏丸西入
tel.075-351-0667　fax.0120-704116
URL http://www.tanaka-nao.co.jp/

東京アートセンター
糸各種、手織機各種、手織製品、手織教室
〒104-0061
東京都中央区銀座 3-11-1 ニュー銀座ビル 4 F
・5 F・B1F
tel.03-3546-8880　fax.03-3546-8881
URL http://www.artcenter.co.jp/

東京手織機　繊維デザインセンター
織機、織道具、機材、材料、書籍
〒173-0034
東京都板橋区幸町 1-3
tel.03-6905-8500　fax.03-6905-8513
URL http://www.tokyoteoriki.co.jp/

どんぐり工房
オフルーム用具（板杼、大小スティック）
ただし注文後製造
〒248-0024
神奈川県鎌倉市稲村ガ崎 5-10-21
tel.0467-31-2767　fax.0467-31-2750
URL http://www.dongri-ko-bo.com/

生川商店
糸各種（綿糸多種有）
〒542-0012
大阪府大阪市中央区谷町 6-1-16
tel.06-6763-0234　fax.06-6763-2416
URL http://www.narukawa-co.com/

（株）葉山商店
網針、船具、漁具
〒238-0243
神奈川県三浦市三崎 3-2-22
tel.0468-81-2168　fax.0468-82-2366

蛭川功一
絹糸
〒371-0018
群馬県前橋市三俣町 2-26-5
tel.&fax.0272-31-3300

（有）丸倉商店
糸各種（ウール糸多種有）
〒491-0044
愛知県一宮市大宮 1-1-21
tel.0586-73-6232、tel.0586-24-2448
fax.0586-24-2466

麻専門店　ラミノ
麻糸、麻布専門
〒111-0052
東京都台東区柳橋 1-5-2
tel.03-3863-7659　fax.03-3851-6127
URL http://www.ramino.ecnet.jp/

Y's テキスタイル
1mからのジャカード織物、昇華転写プリント
〒504-0021
岐阜県各務原市那加前洞新町 4-78-2
tel.0583-71-7213　fax.0583-72-7175
URL http://homepage2.nifty.com/ys-textile/

● 著者紹介（執筆順）

田中秀穂（たなか・ひでほ）

1942年千葉県生まれ。テキスタイル造形家。武蔵野美術大学名誉教授。1978年から79年までJack Lenor Larsen Design Studioにて研修。日本テキスタイルカウンシル代表理事。モレリア近代美術館（メキシコ）、エリー美術館（ペンシルヴェニア・USA）、ニューヨーク工芸美術館、セントルイス美術館、弘益大学美術館（ソウル）ほかに作品収蔵。個展・グループ展に、ミネアポリス20世紀美術館、サバリア美術館（ハンガリー）、ローザンヌ州立美術館（スイス）、ウッジ中央染織博物館（ポーランド）アメリカンクラフト美術館（ニューヨーク）、シンガポール美術館、百想記念館（ソウル）、金沢21世紀美術館、原美術館（東京）、MINIARTEXTIL COMO（イタリア）、第4回浜松野外美術展（浜松・中田島砂丘）ほか多数。おもな著書に『ファイバーアーティスト宣言』（講談社、1994）、「心優しき放火魔に」（『染色アルファ』1985年9月号所収・藤慶之著、染織と生活社）、『ファイバーアートにおける身体性と場所性』（日本記号学会編、東海大学出版会、1993）、『アート＆クラフト「21世紀への手紙」』（東京テキスタイル研究所、2000）。共著に1994＜平村山村活性化ビジョン＞「和紙の製造と新商品開発に係わる方策」、「触覚のビジュアル化」（『染色アルファ』2002年2月号所収、染織と生活社）など。

中川裕孝（なかがわ・ひろたか）

1962年 神奈川県生まれ。美術家。1988年、武蔵野美術大学大学院修了。現在、京都精華大学教授。1989年 14th ローザンヌ・タペストリー・ビエンナーレ、ローザンヌ州立美術館（スイス）、2005年〜2012年テキスタイルの未来形、金沢21世紀美術館（金沢）他、2006年 The Sphere of Textile Sensation gallery gen (ニューヨーク)、「韓・日現代繊維美術展」弘益大学（ソウル／韓国）、2009年染色の領域Vol.3「見知」染・清流館（京都）、2010年〜2011年個展「ONE SUNDAY」網走市立美術館（北海道）、2013年瀬戸内国際芸術祭 秋（高見島／香川）、2015年中川裕孝展 網走市立美術館（北海道）ほか個展多数。

榎本寿紀（えのもと・としき）

1963年東京都生まれ。美術家。ワークショップ・エデュケーター。1988年、武蔵野美術大学大学院修了。現在、大分県立美術館主幹学芸員、武蔵野美術大学非常勤講師、大分大学非常勤講師。近年は、身近な植物の採集・栽培、土・石などの鉱物の採取から作品制作をはじめる。また全国の美術館や保育園・小学校をはじめとした様々な教育機関で、鑑賞と表現を結びつけたワークショップを展開。

鈴木純子（すずき・じゅんこ）

東京都生まれ。造形作家。武蔵野美術大学大学院修了。2009〜2012年、京都精華大学芸術学部特任講師。現在、武蔵野美術大学准教授。1999年第6回国際テキスタイルコンペティション（京都）技術賞受賞。2002年 Small Works in fiber（ニューヨーク、シカゴ、東京）、2016年杭州ファイバーアート・トリエンナーレ（中国）などに出展。ハイメサビーネス美術館(チアパス／メキシコ)、ヤニノス・モンクテス・マルクス美術館（リトアニア）、アンジェ美術館（フランス）、Gallery of Szombathely（ハンガリー）、横浜にぎわい座、ティアラ江東、東京都八王子市、ほか作品収蔵。

岡本直枝（おかもと・なおえ）

1957年埼玉県生まれ。テキスタイル作家。1978年から1995年まで日産自動車（株）デザイン本部勤務。現在、女子美術大学非常勤講師。風景に潜むパワーを平面、立体作品で表現。千疋屋ギャラリー、KANEKO ART TOKYOなどで個展。2012年 COMO大賞及び作品所蔵、2013年 Fibercart International大賞、The Sculptors Society International Exchange Show 2017などグループ展多数。

大澤由夏（おおさわ・ゆか）

1963年東京都生まれ。1985年武蔵野美術短期大学工芸科テキスタイル専攻修了。1989年スウェーデンイェーテボリ王立工芸大学テキスタイルアート専攻修了。修士号取得(MFA)。武蔵野美術大学通信教育課程臨時講師。2004年ヨーロッパテキスタイル・ファイバーアート・トリエンナーレ（ラトビア）ほか、スウェーデン、韓国、日本の展覧会に出展。「織る」ことを手段に、アートとデザインの両面でテキスタイルの可能性を探る。

下村好子（しもむら・こうこ）

1964年東京都生まれ。1985年武蔵野美術短期大学工芸科テキスタイル専攻修了。現在、武蔵野美術大学通信教育課程臨時講師。染織アトリエ「web koko」主宰。2004年スウェーデン交流センターで個展「VÄV」。2001年「TODAY'S ART TEXTILE」（東京、盛岡、鹿児島、京都）、2005年 THE 5th INTERNATIONAL TEXTILE ART TRIENNALE IN TOURNAI（ベルギー）などに出展。

下重泰江（しもしげ・やすえ）

1952 年神奈川県生まれ。織物作家。テキスタイルデザイナー。1974 年武蔵野美術大学卒業。武蔵野美術大学非常勤講師、（株）森傳デザイナー。強撚糸とステッチのオリジナル技法によるタペストリー制作、コミッションワーク。千疋屋ギャラリー、ワコールアートスペース、Gallery 2 などで、個展・グループ展を開く。1987 年日本クラフト展新人賞受賞。テキスタイルデザインでは主として家具用椅子張生地開発を手がける。

中島良弘（なかしま・よしひろ）

1963 年福岡県生まれ。1989 年武蔵野美術大学大学院修了。テキスタイルデザイナー。現在、武蔵野美術大学非常勤講師。1997 年デザイン事務所「クロスオーバーデザイン」設立。インテリアファブリックスの企画、提案を行い、コンピュータや手描きによるテキスタイルデザイン（図案）を制作。また、住宅建装材など、サーフェスデザインの提案、制作にも携わる。1988 年 Gallery NW House（東京）、2006 年 Art Space 獏（福岡）にて個展を開く。

高橋稔枝（たかはし・としえ）

1947 年東京都生まれ。テキスタイル造形作家。1990 年、武蔵野美術短期大学専攻科修了。2002 年から 2008 年まで武蔵野美術大学特別講師。日本テキスタイルカウンシル会員。現在、アトリエ「草茫々」主宰。鎌倉市内福祉施設でオフルームによる織りを指導。過去・現在・未来と続く「時」の流れの中で互いに連環し合う自然と人間という視点から、繊維を素材とした作品を制作。1983 年全関西展（大阪市立美術館）で読売テレビ賞受賞。2006 年 The 6 th International Exhibition on Textile Art（ウクライナ）で銀賞受賞。2006 年 MINI ARTEXTILE COMO（イタリア）で招待出品。Gallery 2、巷房等で個展多数。

須藤玲子（すどう・れいこ）

1953 年茨城県生まれ。テキスタイルデザイナー。東京造形大学教授、神戸芸術工科大学客員教授。1974 年武蔵野美術短期大学専攻科修了。武蔵野美術大学テキスタイル研究室助手を経て、株式会社 NUNO の設立に参加。現在デザインディレクター。2005 年 英国 UCA 芸術大学より名誉修士号を受ける。1988 年より 2006 年まで武蔵野美術大学非常勤講師。1994 年ロスコー賞受賞（クーパー・ヒューイット美術館）、2007 年毎日デザイン賞受賞。ニューヨーク近代美術館、メトロポリタン美術館、ボストン美術館、クーパー・ヒューイット美術館、ビクトリア＆アルバート美術館、東京国立近代美術館工芸館他、国内外の 26 美術館に作品収蔵。

田中美沙子（たなか・みさこ）

1943 年東京都生まれ。フェルト作家。1963 年女子美術短期大学造形美術科卒業。現在、女子美術短期大学非常勤講師、武蔵野美術大学非常勤講師、東京テキスタイル研究所講師。国際フェルト協会会員。2004 年 World Meeting of Felt Art 入選。千疋屋ギャラリー、巷房、MONO ギャラリーなどで個展。2001 年から 2 年まで「FEEL.FELT.FELT」を連載（『Art and Craft』、東京テキスタイル研究所）、「アートとデザイン／フェルトメーカーとの実験的コラボレーション」（『染色アルファ』2006 年 12 月号所収、染織と生活社）。

●掲載図版クレジット（掲載順）

◎Colette「Living Environment」（1章）
Colette-Maison Lumiére
◎「触覚器　Tactil Vessel」（1章）
©Erie Art Museum, Erie, PA.
photographer: Robert Lowry
◎ヨハネス・イッテン（5章）
2006 by ProLitteris, CH-8033 Zurich &
SPDA, Tokyo
◎マンセル（5章）
Photo of Munsell Color Tree courtesy
of Munsell Color, part of X-Rite, Inc.
Grandville, Michigan

●編集協力（50音順）

Jack Lenor Larsen
Shi Hui
金憙淑（Kim-Hee-Sook）
Karen Stahlecker
島田清徳
（1章・掲載順）

株式会社イング
加藤刺繍店
株式会社川島織物セルコン（旧セルコン）
株式会社クリエイティブボックス
佐々木織物株式会社
シンコールインテリア株式会社
Supreme Home Linens Ltd.
妙中パイル織物株式会社
ツグオ
トキワ織物株式会社
日産自動車株式会社
株式会社布
株式会社松井ニット技研
マンダリン オリエンタル 東京
株式会社森傳
Y'sテキスタイル
リリカラ株式会社

●写真協力（敬称略・50音順）

大村麻紀子
大河内禎
北村光隆
桜井ただひさ
島修一
末正真礼生
田中洋江
中野正貴
後岡喜信
畠山崇
早川宏一
Page, Peter
McNab, Sue
山本糾
山本昌男

表紙デザイン
白尾デザイン事務所

本文デザイン
大村麻紀子

166

テキスタイル　表現と技法

2007年4月1日　　初版第1刷発行
2017年12月20日　　初版第4刷発行

監修
田中秀穂

著者
田中秀穂、中川裕孝、榎本寿紀、鈴木純子、岡本直枝、
大澤由夏、下村好子、下重泰江、高橋稔枝、田中美沙子、
中島良弘、須藤玲子

発行者
小石新八

発行所
株式会社武蔵野美術大学出版局
〒180-8566　東京都武蔵野市吉祥寺東町3-3-7
電話　0422-23-0810（営業）
　　　0422-22-8580（編集）

印刷・製本
凸版印刷株式会社

定価は表紙に表記してあります
乱丁・落丁本はお取り替えいたします
無断で本書の一部または全部を複写複製することは著作権法上の
例外を除き禁じられています

©Tanaka Hideho, Nakagawa Hirotaka, EnomotoToshiki,
Suzuki Junko, Okamoto Naoe, Osawa Yuka,
Shimomura Koko, Shimoshige Yasue, Takahashi Toshie,
Tanaka Misako, Nakashima Yoshihiro, Sudo Reiko 2007

ISBN978-4-901631-77-8 C3072
Printed in Japan